Mediale Fähigkeiten

fördern und nutzen

Mediale Fähigkeiten fördern und nutzen

70 TECHNIKEN
zur Entwicklung des
inneren Potenzials

Von Julie Soskin

Urania

Die englische Originalausgabe erschien 2002 bei
CARROLL & BROWN LIMITED, London,
unter dem Titel: *Are you psychic?*
Dozens of techniques for boosting your innate powers

Redaktion: **Yvonne Deutsch**
Grafik: **Gilda Pacitti**
Design: **Evie Loizides-Graham**
Fotos: **Jules Selmes**

1. Auflage 2002
ISBN 3-908653-42-8

Aus dem Englischen übersetzt von Astrid Ogbeiwi
Einband: Andreas Kummer, Oetwil/Schweiz
Satz: GBS, Lyss/Schweiz
Printed in Singapore by Imago

Inhalt

Einführung

Oft sprechen wir von »Vorahnungen« oder »Instinkt« und meinen damit ein Wissen, das sich nicht so einfach rational ausdrücken oder intellektuell erklären lässt. Immer wieder hört man: »Ich wusste, ich hätte das so und so machen sollen«, und dann ist die Rede von einem drängenden Gefühl, dass etwas Bestimmtes richtig oder falsch ist, ohne das jedoch näher begründen zu können. Woher kommt dieses Gefühl? Gibt es in uns eine angeborene mediale oder intuitive Instanz, die wir uns zu Nutze machen können? Wie finden wir Zugang dazu? Und wenn uns das gelingt, warum verlassen wir uns dann nicht auf diesen zusätzlichen Sinn, der oft als der sechste bezeichnet wird?

Dieses Buch will Ihnen helfen herauszufinden, in welchem Maß Sie Ihre medialen Sinne bereits nutzen, und Ihnen zeigen, wie Sie Ihr vorhandenes Potenzial weiter ausbauen können. Oder, vom mystischen Standpunkt aus betrachtet, wonach wir alle das Göttliche in uns tragen: Ist es uns möglich, Zugang zu einem höheren Bewusstsein zu finden und uns Informationen zu erschließen, die jenseits unserer normalen Möglichkeiten liegen?

Für viele gehört bereits der Gedanke an mediale Fähigkeiten in den Zirkus. Dabei werfen sie aber doch hin und wieder einen Blick in ihr Zeitungshoroskop, lesen einen der immer zahlreicher erscheinenden Artikel oder gar ein ganzes Buch zum Thema oder waren sogar schon einmal bei einem Medium. Im Laufe der letzten 20 Jahre ist das Interesse an medialen und spirituellen Themen massiv gewachsen und das Übersinnliche mittlerweile vom Geheimnisvollen zum Alltäglichen geworden. Warum aber dieses große Interesse an einem uralten Thema?

Der Suchende, der Zugang zu medialem Wissen wünscht, muss ein klares Instrument sein, was häufig eine innere Entwicklung oder einen Transformationsprozess erfordert. Das Mediale oder Para-

psychologische meint eine unsichtbare Kraft. Begrifflich geht es auf das Wort Psyche zurück, womit alles bezeichnet wird, was aus Seele, Verstand oder Geist ist oder sich darauf bezieht. Der griechischen Sage nach musste die sterbliche Prinzessin Psyche viele Prüfungen bestehen, um sich als würdige Gattin des Eros, des Gottes der Liebe, zu erweisen. Als ihr schließlich der Kelch der Unsterblichkeit gereicht wird, sprießen ihr Schmetterlingsflügel, das uralte Symbol der Seele. Diese Geschichte will uns sagen, dass auch wir diese Transformation erfahren können, wenn wir die bedingungslose Liebe suchen.

Eine unserer wichtigsten Eigenschaften ist vielleicht unsere Neugier, unser Wissensdurst, der Wunsch, unser ganzes Leben lang immer wieder Neues zu lernen. In diesem Buch wollen wir der interessanten Frage nachgehen, wer wir sind, ob wir mediale Fähigkeiten besitzen und ob wir die Begabungen, über die wir verfügen, erweitern und nutzen können.

Wir werden unsere Sensitivität erkunden, damit wir ein Gespür dafür entwickeln, inwieweit wir uns auf unser inneres Wissen verlassen können und uns auf unserer Entdeckungsreise besser zurechtfinden. Was wir schließlich aus unseren Gaben machen, muss unserer individuellen Entscheidung überlassen bleiben. Jeder, der zehn Finger hat und über ausreichend Hingabe und Ausdauer verfügt, kann lernen, ein Lied auf dem Klavier zu spielen. Doch nur wenige bringen es zum Konzertpianisten. Ähnlich verhält es sich mit den medialen Fähigkeiten: Jeder, der den starken Wunsch verspürt, diese Eigenschaften zu nutzen, wird Zugang zu seiner Intuition finden, doch nur wenige können oder wollen diese Fähigkeiten zu ihrem Beruf machen.

Mediale Fähigkeiten fördern und nutzen ist für den interaktiven Austausch konzipiert. Das Buch enthält einfache Fragebögen und

Übungen, die Ihnen sofort einen Eindruck von Ihrem Zugang zu und potenziellen Erfolg mit den verschiedenen Bereichen des Übersinnlichen vermitteln, außerdem zahlreiche Übungen und praktische Anwendungsvorschläge zum Ausbau Ihrer Begabung. Haben Sie Ihre Entdeckungsreise erst einmal erfolgreich abgeschlossen, können Sie Ihre Intuition im Alltag bestimmt nutzbringend einsetzen. Sie werden selbst feststellen, wie eine neue Perspektive Ihnen helfen kann, nicht nur bewusst wahrzunehmen, was um Sie herum vorgeht, sondern auch Ihr Schicksal selbst in die Hand zu nehmen.

Das erste Kapitel von *Mediale Fähigkeiten fördern und nutzen* möchte Ihnen helfen, latente mediale Begabungen zu entdecken und Ihr parapsychologisches Potenzial zu entfalten. Wie intuitiv sind Sie? Sind Ihre Sinne wach genug? Kennen Sie Ihren Willen und setzen Sie positives Denken ein? Können Sie mit der Kraft Ihres Geistes die Materie beherrschen? Außerdem vermittelt das Kapitel Einblicke, wie Meditation, das Schärfen des medialen Blicks und das Erfassen der Chakras und Auras Ihnen zu tief greifenden Entdeckungen verhelfen können.

Im nächsten Kapitel geht es um die außersinnliche Wahrnehmung. Kann man Gedanken lesen? Verreisen, ohne sich aus dem Sessel zu erheben? In die Zukunft sehen? Oder Träume entschlüsseln, die uns etwas über unsere Bedürfnisse sagen?

Kapitel drei stellt das Instrumentarium vor, das Ihnen zur Verfügung steht. Astrologie, das I Ging, Tarot, Weissagen, Handlesen und Divination – all das kann uns Erkenntnisse vermitteln, die durch keine andere Kommunikationsform zu erhalten sind.

Kapitel vier beschäftigt sich mit Geistheilen und einfachen Techniken zum Energieausgleich zur Förderung von Gesundheit und Wohlbefinden. Teilt sich unser Körper über Krankheiten mit und wenn ja, können wir etwas zu unserer Heilung tun? Können wir unsere angeborenen Kräfte so weit entwickeln, dass wir nicht nur uns selbst, sondern auch andere heilen können? Sie erlernen den Umgang mit Hilfsmitteln wie Edelsteinen, Musik und Farben. Dieser Abschnitt schließt mit großartigen Farbseiten, die Sie zur Meditation und zum Heilen verwenden können.

Im Kapitel fünf geht es um die Kommunikation mit nicht-körperlichen Lebewesen. Sind Sie schon einmal einem Gespenst begegnet? Gibt es Poltergeister und dergleichen? Helfen uns Engel wirklich unser ganzes Leben lang? Haben Sie das Zeug zum Schamanen, der Naturgeister durch sich sprechen lässt, oder können Sie so etwas wie ein Geistführer werden?

Der vorletzte Abschnitt behandelt den geistigen Schutz. Wer seine intuitiven Fähigkeiten entwickeln möchte, braucht Unterscheidungsvermögen und Schutz. In Kapitel fünf lernen Sie Methoden des Selbstschutzes kennen, die Ihnen bei Ihrer weiteren Entwicklung helfen. Im letzten Kapitel schließlich schildere ich, was es bedeutet, die Welt von der Warte eines höheren Bewusstseins aus zu betrachten. Wie lenkt man diese Energien am besten in die richtigen Bahnen, und wirkt Karma tatsächlich auf unser Leben ein? Was ist das transpersonale Selbst und kann es unsere Intuition wirksam unterstützen?

Viele meinen, beim Betreten der medialen Welt gingen Lebensfreude und Abenteuerlust verloren. Mit diesem Buch hoffe ich, dem wichtigen Thema »Umgang mit medialen Kräften und was wir davon haben« auch ein wenig Vergnügliches geben zu können.

Ihr mediales Tagebuch

Mit am besten lassen sich mediale Fähigkeiten entwickeln, wenn man Erkenntnisse, Ideen, Träume und Beobachtungen in einem besonderen Notizbuch festhält. Das trainiert die Selbstwahrnehmung und gibt Ihnen einen Maßstab an die Hand, an dem Sie Ihren Fortschritt und Ihre Schwierigkeiten messen können. Beginnen Sie mit den Fragen auf Seite 11, und lenken Sie Ihr mediales Wachstum so gleich in die richtigen Bahnen. Vielleicht gibt es etwas auf Ihrer Liste, das Sie überwinden, erreichen oder verbessern möchten. Legen Sie das Notizbuch neben Ihr Bett. So können Sie Ihre Träume (siehe Seite 72) ebenso festhalten wie Gedanken, die Ihnen im Lauf des Tages kommen. Lassen Sie jeden Abend beim Zubettgehen die Ereignisse des Tages noch einmal vor Ihrem inneren Auge vorüberziehen und versuchen Sie dabei, sich nicht nur an Ihre eigenen Gefühle und Erlebnisse zu erinnern, sondern auch an die Reaktionen Ihrer Umwelt. Geben Sie dabei nicht Ihren Emotionen nach, sondern bleiben Sie

objektiv. Fragen Sie sich immer wieder: Wie reagieren andere auf mich, und welche Energie in mir ruft diese Reaktionen hervor? Urteilen Sie ehrlich – nur so gewinnen Sie den Überblick, der Fortschritte in der medialen Arbeit erst ermöglicht.

Die goldenen Regeln

Schreiben Sie die folgenden Regeln in Ihr Tagebuch als beständige Mahnung, Ihre medialen Fähigkeiten in ethisch verantwortlicher Weise zu gebrauchen.

Geben Sie medial gewonnene Erkenntnisse nur weiter, wenn Sie darum gebeten werden.

Übertreiben Sie nicht, wenn Sie über Ihre medialen Fähigkeiten sprechen.

Manipulieren Sie andere nicht, und unterwerfen Sie niemanden Ihrem Willen!

Sprechen Sie niemals über Art und Zeitpunkt des voraussichtlichen Todes.

Be- oder verurteilen Sie das Verhalten anderer nie.

Tagebuchnotizen: Gedankenfutter

Ein guter Grund, seine medialen Fähigkeiten zu entwickeln, liegt darin, dass man sich das Leben so ein wenig leichter machen kann. Überlegen Sie deshalb, was Sie ändern möchten. Die folgenden Fragen sollen Sie zum Nachdenken über Ihre wahren Ziele anregen.

- Was haben Sie sich schon immer gewünscht?
- Was macht Ihnen am meisten Freude oder würde Ihnen am meisten Freude machen?
- Was sind Ihre sehnlichsten Gedanken oder Wünsche?
- Welches Verhalten bewundern Sie bei anderen am meisten, vermissen es aber bei sich selbst?
- Wurde Ihnen als Kind etwas genommen, nach dem Sie sich noch heute sehnen?
- Gibt es einen Unterschied zwischen Ihren persönlichen oder gesellschaftlichen Werten und dem, woran Sie am meisten denken – und wie möchten Sie das ändern?
- Was sind Ihre Prioritäten? Was tun Sie dafür?
- Was müssten Sie glauben können, um mehr Fröhlichkeit, Vertrauen und Freude zu empfinden und leichter mit Wut, Angst und Trauer fertig zu werden?
- Was hält Sie davon ab, sich so zu verändern, dass Sie dem Menschen ähnlicher werden, der Sie sein möchten?

1 ENTDECKEN SIE IHR MEDIALES POTENZIAL

Wie intuitiv sind Sie?

Die intuitive Intelligenz ist im Alltag ein nützliches Hilfsmittel. Über unseren »sechsten Sinn« haben wir Zugang zu Informationen, die scheinbar aus dem Nichts kommen, häufig aber geradezu unheimlich akkurat sind. Darüber, wie das vor sich geht, gibt es verschiedene Theorien. Man könnte es so erklären, dass der Verstand alles, was er weiß, systematisch ablegt und aus unserer persönlichen Datenbank per Sofortzugriff die richtige Antwort erstellt.

Medial Begabte könnten die Intuition als die Fähigkeit betrachten, über den individuellen Erfahrungsschatz hinaus aus weit umfassenderen Quellen zu schöpfen, etwa wie beim Anschluss ans World Wide Web. Wie die meisten Menschen verfügen auch Sie bereits über gewisse intuitive Fähigkeiten, aber es gibt Möglichkeiten, diese noch weiter zu entwickeln. Viele Übungen in diesem Buch – insbesondere die Meditationen (Seite 22) – sind so gestaltet, dass Ihre innere Konzentration und Aufmerksamkeit geschult werden, so dass Sie verstehen können, was Ihr inneres Selbst Ihnen sagen will.

Durch die Übungen wächst auch Ihr Selbstvertrauen, und schließlich werden Sie Ihrer Intuition nicht nur trauen, sondern auch danach handeln. Das ist besonders hilfreich, wenn Sie oft an Ihrer eigenen Wahrnehmung zweifeln und Ihre intuitiven Erkenntnisse rational »wegerklären«. Diese Schranke überwindet man am besten durch einen Gedankensprung ins Unbekannte. Das bedeutet, alle Vermutungen, Voreingenommenheiten und Vorurteile beiseite zu schieben und Aufgeschlossenheit für die Stimme der eigenen medialen Begabungen zu entwickeln. Sie erschließen sich damit ganz neue Erkenntnisquellen und werden wesentlich sicherer in Ihrem Urteil; Sie können hinter die Fassade blicken und in jeder Situation schnelle und zutreffende Entscheidungen fällen.

Krafttraining für die Intuition

Auch wenn Sie sich als sehr analytisch denkenden Menschen empfinden, können Sie Ihre Intuition verbessern.

Verwerfen Sie Erkenntnisse über Menschen oder Vorgänge, die jeder Logik zu widersprechen scheinen, nicht, sondern nehmen Sie so etwas aufmerksam wahr und notieren Sie es in Ihrem Tagebuch.

Wenn Sie sich plötzlich in Gefahr oder bedroht fühlen – ignorieren Sie das Gefühl nicht, sondern trauen Sie Ihrer Intuition.

Lernen Sie Ihre strenge, rationale »innere Stimme« kennen. Wenn sie »Unsinn« sagt, sobald Sie nicht erklären können, was Sie beschäftigt, dann sollten Sie auf Ihre sanfte, aber ausdauernde intuitive »innere Stimme« hören.

Wenn sich ein unbestimmtes Gefühl, eine Ahnung oder Voraussage von Ihnen als richtig erweist, freuen Sie sich, dass Sie in Ihrem Urteil richtig lagen, und schreiben Sie es auf.

Spielen Sie mit Ihrer Intuition: Denken Sie sich »harmlose« Aufgaben aus, etwa, was jemand als Nächstes sagen oder was er morgen anziehen wird.

Haben Sie den sechsten Sinn?

Kreuzen Sie bei jeder Frage, die Sie mit »Ja« beantworten können, das entsprechende Kästchen an.

- ❑ Haben Sie schon einmal spontan gespürt, ob ein Gebäude ein angenehmer oder eher bedrohlicher Ort war?
- ❑ Haben Sie ein sicheres »Gespür« dafür, ob Sie jemandem trauen können oder nicht?
- ❑ Wissen Sie oft schon beim ersten Klingeln, wer am Telefon ist?
- ❑ Können Sie die Gedanken anderer »hören« und in Worte fassen?
- ❑ Hatten Sie schon einmal das Gefühl, es gehe jemand durch Sie hindurch?
- ❑ Haben Sie schon einmal in einer unbekannten Gegend nur aufgrund Ihres Instinkts einen Parkplatz gefunden?
- ❑ Haben Sie beim Aufwachen das Gefühl, es sei Ihnen in der Nacht etwas mitgeteilt worden?
- ❑ Hatten Sie schon einmal im Gespräch mit einem Unbekannten das nachdrückliche Gefühl, dass dieser Menschen bald etwas Unangenehmes erleben würde? Und haben Sie dann später erfahren, dass er oder sie einen Unfall hatte oder krank wurde?
- ❑ Wenn Sie die Augen schließen, sehen Sie dann manchmal Augen oder Gesichter vor sich?
- ❑ Stellen sich Ihnen manchmal zum Zeichen der Gefahr die Nackenhaare auf?
- ❑ Haben Sie schon einmal entgegen dem Rat von Familie und Freunden allein aus dem Grund eine Entscheidung getroffen, weil sie für Sie stimmig war?
- ❑ Erleben Sie eine erstaunliche Häufung von Zufällen?

Wie viele Kästchen haben Sie angekreuzt?

❑ 1–2
Auch wenn Sie nur ein oder zwei Kästchen angekreuzt haben, haben Sie einen ausbaufähigen Zugang zu Ihrer Intuition.

❑ 3–5
Ihre Intuition ist recht aktiv, aber noch ausbaufähig. Lernen Sie, sich selbst zu trauen, und lassen Sie sich von Ihrem Instinkt leiten.

❑ 7–9
Sie sind bereits gut mit Ihrer inneren Weisheitsquelle verbunden. Mit etwas Übung können Sie Ihre Intuition noch effektiver nutzen.

❑ 10 oder mehr
Ihre intuitiven Fähigkeiten sind stark entwickelt, und Sie besitzen das Selbstvertrauen, sich auf Ihr inneres Urteilsvermögen zu verlassen.

Wo liegen Ihre Fähigkeiten?

Es gibt verschiedene Formen der medialen Begabung. So haben intuitive Empathen ein ausgeprägtes Verständnis dafür, was in anderen vorgeht, aber wenig Gespür für Atmosphäre. Wer schamanische Fähigkeiten besitzt, bezieht besondere Energie aus der Kommunikation mit Naturgeistern und ist meist auch ein begabter Heiler, kann aber vielleicht nichts mit Tarotkarten oder Runen anfangen. Ein Medium kann Verbindung zu Geistern aufnehmen, sich aber im Gegensatz zum Channeler nicht höheren Kräften öffnen. Mit Hilfe des Fragebogens können Sie die Art Ihrer medialen Begabung entdecken.

Ihre Fähigkeiten entdecken

Denken Sie über die folgenden Fragen intensiv nach, und kreuzen Sie *nur* die an, bei denen Sie sich ganz sicher sind.

❑ **1** Spüren Sie im Allgemeinen, was in anderen vorgeht?

❑ **2** Kennen Sie von sich selbst das Gefühl, Teil des Universums zu sein?

❑ **3** Wissen Sie oft im Vorhinein, was andere sagen werden?

❑ **4** Hatten Sie in der freien Natur schon einmal das Gefühl, dass Sie beobachtet werden?

❑ **5** Hatten Sie im offenen Land schon einmal das Gefühl, unerwünscht zu sein?

❑ **6** Haben Sie sich in der freien Natur schon einmal von Ihrer Umgebung selbst beschützt gefühlt?

Auswertung

Betrachten Sie nun die Kästchen, die Sie angekreuzt haben. Lassen sie sich zumindest überwiegend einer der folgenden Zahlengruppen zuordnen? In diesem Fall wird bereits ersichtlich, welche mediale Begabung Sie entwickeln können.

1 3 7 8 12
Sie sind ein EMPATH

Die Fähigkeit, buchstäblich mit jemandem mitfühlen zu können, kommt aus einem feinen empathischen Gespür. Es ermöglicht Ihnen, die Aura eines Menschen »lesen« und deuten (Seite 42) zu können. Sie können anderen erstaunlich nahe sein; Sie haben ein untrügliches Gespür für die emotionalen Bedürfnisse Ihrer Mitmenschen, die sich von Ihnen wahrscheinlich geradezu magnetisch angezogen fühlen. Lassen Sie deren Probleme aber nicht zu dicht an sich heran, weil das schnell zur Erschöpfung führt.

- ❑ **7** Haben Sie Schmetterlinge im Bauch, wenn Sie in jemandes Nähe sind?
- ❑ **8** Kann auch ein Ort dieses Schmetterlingsgefühl in Ihnen auslösen?
- ❑ **9** Haben Sie ein Gespür für die Atmosphäre, wenn Sie zum ersten Mal an einem Ort sind?
- ❑ **10** Haben Sie das sichere Empfinden, dass die Welt ein Ort des Friedens und der Liebe statt des Hungers und der Kriege sein könnte?
- ❑ **11** Ist es Ihnen an einem bestimmten Ort schon einmal kalt über den Rücken gelaufen oder hatten Sie das Gefühl, es sei jemand da?
- ❑ **12** Können Sie die Gedanken anderer »hören«?
- ❑ **13** Gibt es Menschen, deren Nähe Sie kaum aushalten können?
- ❑ **14** Sind Sie schon einmal einem Geist begegnet?
- ❑ **15** Hatten Sie beim Aufwachen schon einmal das Gefühl, es säße Ihnen etwas auf der Brust, ohne dass jedoch etwas da war?
- ❑ **16** Weckt allein die Tatsache, dass Sie leben, in Ihnen ein Gefühl des Wunderbaren und der Liebe?
- ❑ **17** Haben Sie lebhafte Träume, die sich ganz real anfühlen?
- ❑ **18** Sehen Sie den Schmerz in den Augen eines Menschen, der Ihnen weh tut?
- ❑ **19** Wenn Sie abends die Augen schließen, sehen Sie dann Augen, Gesichter oder menschenähnliche Wesen?
- ❑ **20** Hatten Sie schon einmal das Gefühl, dass Ihr Körper eine Reise unternommen hat, ohne dass Sie sich bewegt hätten?

2 10 16 18
Sie sind ein CHANNELER

Der Zugang zu Informationen und/oder Energie auf einer höheren Bewusstseinsebene wird häufig als Channeling (Seite 168) bezeichnet. Dabei entsteht nicht das Gefühl der Verbindung zu einem Wesen, sondern zu höheren spirituellen Kräften. Unabhängig von Ihrem Alter gelten Sie bei Ihren Mitmenschen als »alte Seele«, die man wegen der spirituellen Einsichten aufsucht, die sie im Laufe vieler Leben gewonnen hat.

11 14 15 17 19 20
Sie sind ein MEDIUM

Wenn Sie eine unsichtbare Präsenz gespürt oder einen Geist gesehen haben, könnten Sie ein Medium (Seite 142) sein. Vielleicht konnten Sie auch die Anwesenheit von Engeln oder erdgebundenen Geistern spüren, die zu Ihrem Schutz gekommen waren. Sie können in andere Dimensionen, etwa die Astralwelten oder die »Geistwelt« schauen. Dies ist eine seltene Gabe.

4 5 6 9 13
Sie sind ein SCHAMANE

Da Sie ein lebhaftes Gespür für die Natur und den Geist in Tieren, Pflanzen und Bäumen haben, ist Ihre mediale Begabung schamanischer Natur (Seite 140). Ihre instinktive Verbindung zu Wildtieren gibt Ihnen ein hoch empfindsames Gespür für Gefahren; das ist ein großartiges Kapital – Ihre Intuition kann buchstäblich Leben retten. Sie spüren drohende Gefahr in jeder Situation, ob beim Spaziergang, im Straßenverkehr oder am Arbeitsplatz. Möglicherweise verfügen Sie auch über Heilkräfte – über ein angeborenes Gespür dafür, was einem Kranken schaden oder helfen könnte.

Die Sinne wecken

Mediale Sensitivität beruht nicht auf einer geheimen Formel, die nur wenige Privilegierte kennen; ganz im Gegenteil, mit Ihren fünf Sinnen haben Sie bereits alles, was Sie brauchen. In jeder Sekunde nehmen Sie eine sich stets verändernde Mischung verschiedener Düfte, Geschmacksnoten, Klänge, Bilder und Strukturen wahr. Diese Vorgänge sind so stark automatisiert, dass sie selbstverständlich geworden sind. Ohne Ihre Sinne aber wären Sie für die Welt buchstäblich »tot«, der polare Gegensatz zum Lebensgefühl des medialen Menschen, dem alles lebendig, sinnlich und sinnerfüllt erscheint.

Außergewöhnlich sensitive Menschen können die Atmosphäre erfassen, unsichtbare Präsenzen spüren, Visionen wahrnehmen, Botschaften hören, kurzum, sie erleben die Wirklichkeit auf vielen verschiedenen Ebenen. Mit ein wenig Übung können Sie das auch.

Ansichtssache

Ideal für diese Übung ist ein Vollmondtag (siehe Übung gegenüber). Sagen Sie sich beim Aufwachen laut: »Heute werde ich mir alles besonders gut ansehen.«

Tagebuchnotizen: Fünf sinnliche Tage

- Das Ausloten Ihrer Sinne bis an die Grenzen braucht Zeit, Raum und Phantasie. Außerdem braucht es Konzentrationsfähigkeit. Die kann man ganz leicht üben, indem man jeweils einen ganzen Tag der Erforschung eines einzelnen Sinnes widmet. Halten Sie Ihre Erlebnisse abends in Ihrem Tagebuch fest.
- Schreiben Sie Ihre Reaktion auf jeden Zwischenfall, jede Übung und jedes Experiment, das positiv verlief und Ihre Sinneswahrnehmung aktiv verändert hat, auf.
- Achten Sie genau auf die Art Ihrer Reaktion: Waren Sie aufgeregt, beruhigt, erregt, erheitert, inspiriert oder erschrocken, unsicher, neugierig oder abgestoßen.
- Die Ereignisse jedes Tages können auch jeweils eine ganz eigene Assoziationskette in Ihnen auslösen: ein flüchtiger Duft, eine ausgebleichte Farbe, eine Holzmaserung – all das kann eine wahre Flut von Erinnerungen auslösen.
- Vielleicht erinnern Sie sich an Orte oder Menschen, die Sie längst vergessen glaubten. Schreiben Sie auch dies auf; solche Verknüpfungen führen zu einer besseren medialen Wahrnehmungsfähigkeit.

KERZENSCHAU

Die mediale Sehfähigkeit verbessern

1 *Entzünden Sie an einem stillen, dämmerigen Ort eine Kerze. Stellen Sie sie auf einen Tisch, und setzen Sie sich davor. Entspannen Sie sich.*

2 *Schauen Sie entspannt und ruhig in die Kerzenflamme, und beobachten Sie sie.*

3 *Richten Sie nun den Blick auf die Stelle, an der das Blau der Flamme ins Gold übergeht – an diesem Punkt können Sie Ihr Potenzial für den medialen Blick entwickeln. Schauen Sie auf diese Stelle, bis Sie spüren, dass Sie genug in sich aufgenommen haben.*

Sie regen Ihre visuelle Wahrnehmungsfähigkeit an und bereiten Ihre Intuition für den Einsatz vor. Betrachten Sie im Laufe des Tages alles mit dem unvoreingenommenen Blick eines Kindes – versuchen Sie, die Dinge nur so zu sehen, wie sie sind. Sehen Sie Gegenstände, Gebäude, Farben, Gesichter, Tiere und Pflanzen mit neuen Augen. Verschwenden Sie keine Zeit aufs »Werten« – schauen Sie einfach. So nehmen Sie mehr visuelle Informationen auf, weil Sie nichts zensieren oder verwerfen. Probieren Sie einmal täglich eine der unten beschriebenen »Schauen«.

Immer der Nase nach

Sagen Sie sich beim Aufwachen laut: »Heute werde ich so viele verschiedene Gerüche wahrnehmen wie möglich.« Mit diesem Satz nehmen Sie buchstäblich Witterung auf; gehen Sie den ganzen Tag über immer der Nase nach, und nehmen Sie, angefangen vom Frühstückskaffee, alle Aromen bewusst wahr. Schenken Sie allem Aufmerksamkeit: Autoabgasen, dem Duft aus Cafés und Restaurants, einer vorüberziehenden Parfumwolke. Schnuppern Sie an Ihrer Zeitung, und atmen Sie den Geruch Ihrer Lederbörse ein. Das bereitet Ihre medialen Antennen für den Einsatz vor,

MONDSCHAU

Entdecken Sie eine neue Vision im Vollmond

1 *Suchen Sie sich einen ruhigen Ort, an dem Sie ganz entspannt den Vollmond betrachten können. Tauchen Sie mit Ihrem Blick ganz ins Mondlicht ein.*

2 *Schließen Sie dann die Augen, und betrachten Sie das intensiv blaue Abbild auf der Netzhaut. Ziehen Sie diese blaue Farbe zu sich heran, und visualisieren Sie sich selbst darin.*

3 *Ist kein Vollmond, können Sie versuchen, kurz in eine 100-Watt-Glühbirne zu schauen; meiden Sie aber den ungeschützten Blick in die Sonne, weil das zu Augenschäden führen kann.*

denn der erste Hinweis auf eine unsichtbare Präsenz kann ein bestimmter Geruch sein. Ein zarter altmodischer Duft könnte die Verbindung zu einer verstorbenen Großmutter herstellen, beißender Tabakgeruch vielleicht einen Mann ankündigen, der zu Lebzeiten stets eine Pfeife bei sich zu tragen pflegte.

Ohrenschmaus

Ihr Guten-Morgen-Satz für den heutigen Tag lautet: »Heute mache ich meine Ohren auf und höre mir an, wie die Welt so klingt.« Vielleicht denken Sie, das sei leicht, wahrscheinlich aber wissen Sie gar nicht, wie viele Geräusche Sie automatisch ausschalten. Diese Art der »selektiven Wahrnehmung« ist eine Überlebenstechnik, durch die wir uns auf die wichtigen Signale in unserer Umgebung konzentrieren können. Zu den ersten Anzeichen von Stress gehört die Unfähigkeit, mit aufdringlichen Missklängen umgehen zu können; gelingt es uns, sie auszufiltern, bleiben wir ruhig und ausgeglichen. Sie können bewusst selektiv vorgehen und sich auf einzelne Klänge konzentrieren, als wären sie Noten in einem Musikstück. Machen Sie den Tag zu Ihrer ganz persönlichen Symphonie mit Sätzen für unterschiedliche Instrumente: hupende Autos, klingelnde Telefone, piepsende Geräte, zischende Kaffeemaschinen, klappernde Tassen und Teller, surrende Aufzüge, schlagende Türen, ein überraschendes Kreischen, Gebell und Lachen.

WONACH RIECHT DAS?

Diese Übung kann sehr aufschlussreich sein

1 *Bitten Sie einen Freund, Ihnen eine »Musterkollektion« zusammen zu stellen. Dazu können gehören: Zitronen, Möbelpolitur, Speisestärke, Radiergummis, Gewürze, Mottenkugeln, eine getragene Einlegesohle und ein Stück überreifer Käse.*

2 *Riechen Sie mit geschlossenen oder verbundenen Augen an jedem Stück. Lassen Sie sich Zeit. Die Gefühle, die der Geruch in Ihnen weckt, sind ebenso wichtig wie die Identifikation des Gegenstandes, von dem er ausgeht.*

DEN VÖGELN ZUHÖREN

So folgt man den einzelnen Sätzen einer Vogelsymphonie

1 *Begeben Sie sich an einen Ort, an dem es viele Vögel gibt – ein Park oder auch Ihr Garten.*

2 *Setzen Sie sich, und hören Sie in aller Ruhe dem Gesang der Vögel zu. Mit der Zeit werden Sie ein einzelnes Lied unter allen anderen heraushören. Konzentrieren Sie sich darauf, und lauschen Sie geraume Zeit einfach nur.*

3 *Lassen Sie sich nun vom Gesang dieses einen Vogels zu einem anderen tragen, und hören Sie dem wiederum eine Zeit lang zu. Wieder werden Sie erleben, dass der Übergang zum nächsten Vogel fast wie von selbst geschieht. Lauschen Sie jedem Lied intuitiv, und spüren Sie seiner Besonderheit nach.*

Fingerspitzengefühl

Blicken Sie am Morgen in den Badezimmerspiegel und sagen Sie sich: »Heute will ich jeden Augenblick durch meine Hände erleben.« Spüren Sie das freudige Kribbeln in Ihren Fingern, und fangen Sie gleich zu Hause damit an: Streichen Sie sich über die Haut und durch das Haar; spüren Sie bewusst Ihr Badetuch, und berühren Sie das kühle Email der Badewanne. Wie glatt die Plastikente ist! Fahren Sie mit den Fingerspitzen über die Borsten Ihrer Zahnbürste. Versuchen Sie den ganzen Tag über, so viele verschiedene Oberflächen wie möglich zu berühren – glatt, flauschig, seidig, rau, warm, kalt –, und nehmen Sie alle Empfindungen, die positiven wie die negativen, ganz bewusst wahr.

Gaumenfreuden

Wenn Sie gerne essen und trinken, dann gefällt Ihnen wahrscheinlich die Vorstellung, einen ganzen Tag mit Schmecken zuzubringen. Dennoch sollten Sie Ihre Geschmacksknospen am Morgen mit dem Satz wecken: »Heute achte ich ganz besonders auf alles, was ich schmecke.« Das beginnt bereits mit dem Geschmack der Zahnpasta, der sich in Ihrem Mund entfaltet, gefolgt vielleicht vom Mundwasser. Woran erinnern Sie diese Aromen? Kühle Minze? Würzige Nelken? Zimt? Achten Sie bewusst auf den Geschmack von allem, was Sie in den Mund nehmen. Und erforschen Sie auch Ungewohntes – wenn Sie Ihren Geschmacksknospen zum Beispiel einmal einen richtigen Schock versetzen wollen, legen Sie sich eine Geldmünze auf die Zungenspitze.

AUSFLUG

Diese kleine Reise beginnt mit einer Berührung

1 *Bitten Sie einen vertrauten Menschen, einen stark strukturierten Gegenstand auszusuchen.*

2 *Schließen Sie die Augen, und lassen Sie sich den Gegenstand in die Hand geben. Ertasten Sie ihn, und sprechen Sie dabei über die Orte, die vor Ihrem inneren Auge entstehen. Vielleicht führt Sie der Gegenstand in einen Garten aus Kindertagen, an einen Strand oder irgendwohin, wo Sie noch nie waren.*

3 *Visualisieren Sie sich dort. Erkunden Sie Ihre Umgebung eingehend, und achten Sie auf alles, was Sie sehen. Gibt es dort Menschen oder Tiere? Wie geht es Ihnen dort? Nehmen Sie die Atmosphäre des Ortes vollständig in sich auf, und öffnen Sie dann die Augen.*

GESCHMÄCKER ERKENNEN

Mit dieser sanften Methode zur Feinabstimmung Ihrer Sinne können Sie die Luft um sich herum schmecken.

1 *Setzen Sie sich an einen ruhigen, luftigen Ort, und bringen Sie sich mit der Atemtechnik von Seite 23 in einen tiefen Entspannungszustand.*

2 *Atmen Sie langsam und regelmäßig, und öffnen Sie dann den Mund ein wenig. Lassen Sie die umgebende Luft in Ihren Mund strömen.*

3 *Konzentrieren Sie sich auf den Geschmack der Luft, und öffnen Sie sich allen entstehenden Empfindungen. Sie werden staunen, wie viele Informationen Sie auf diese Weise aufnehmen können.*

Öffnen durch Meditation

Für jede Form der medialen Arbeit ist es unerlässlich, dass Sie die Fähigkeit perfektionieren, mit Ihrer inneren Ruhe in Kontakt zu kommen. Was immer Sie erreichen möchten – ob Sie Ihre Heilkräfte, Ihre telepathischen Fähigkeiten oder Ihre Hellsichtigkeit verbessern oder lernen möchten, Auras zu sehen oder mit der Geistwelt Kontakt aufzunehmen –, zuerst müssen Sie wissen, wie man meditiert.

Wenn Sie noch nie meditiert haben, könnte Ihnen die Meditation zunächst als eine angenehme Möglichkeit erscheinen, der Welt und ihren Problemen zu entfliehen. Zwar führt Meditation tatsächlich zu innerer Ruhe, Gelassenheit oder »an den stillen Ort im Innern«, aber sie bedeutet sicher nicht ein bloßes Eintauchen in die Glückseligkeit. Vielmehr ist sie eine wirkungsvolle Hilfe zur Konzentration auf unser körperliches Wesen. Daneben und nicht minder wichtig stellt sie die direkte Verbindung mit der universalen Energie her, dem »Prana« oder der Lebenskraft, die alles durchströmt. Diese Bewusstseinsebene müssen Sie erreichen, wenn Sie Ihre medialen Ziele verwirklichen wollen, zugleich aber geht es

Anleitung zur Meditation

Suchen Sie sich einen sauberen, ruhigen, luftigen, bequemen, aufgeräumten Platz, und behalten Sie ihn der Meditation vor – wenn Sie immer am selben Platz meditieren, kumuliert die positive Energie.

Schalten Sie das Telefon aus, und schließen Sie die Tür ab, falls Sie glauben, dass Sie gestört werden könnten.

Tragen Sie bequeme, locker sitzende, saubere Kleidung.

Baden oder duschen Sie, oder waschen Sie sich zumindest die Hände.

Am besten verwenden Sie eine Meditationshilfe: Das kann ein Gegenstand sein, etwa eine Kerze, eine Blume oder ein Bild oder Klang wie ein Mantra oder sanfte Hintergrundmusik.

Setzen Sie sich so auf einen Stuhl oder auf den Boden, dass Sie sich anlehnen können. Legen Sie die Hände mit den Handflächen nach oben locker auf die Oberschenkel; so ergibt sich die richtige Haltung ganz von selbst. Richten Sie nun Ihre gesamte Aufmerksamkeit auf Ihr Meditationsobjekt; zunächst fünf Minuten lang, später allmählich bis zu 20 Minuten, wenn möglich.

Erzwingen Sie Ihre Konzentration nicht. Versuchen Sie eine absichtslose Aufmerksamkeit zu erreichen. Verdrängen Sie einströmende Gedanken nicht, sondern lassen Sie sie vorüber ziehen. Kehren Sie, sobald Ihnen auffällt, dass Sie geistig abwesend sind, einfach wieder zum Gegenstand Ihrer Meditation zurück, ganz gleich, wie oft das vorkommt.

Gut ist es, wenn Sie jeden Tag zur selben Zeit meditieren. Viele tun es gleich nach dem Aufstehen, da die Meditation mit leerem Magen meist besser gelingt. Unmittelbar nach dem Zubettgehen könnten Sie dabei einschlafen, suchen Sie sich also einen Zeitpunkt, der Ihnen regelmäßiges Meditieren ermöglicht.

Ihnen damit auch in anderer Hinsicht besser. Die Meditation schärft und konzentriert Ihre geistige Aktivität und macht Sie hellwach im Beruf, zu Hause und in Ihren Beziehungen. Außerdem fördert sie Kreativität und Selbsterkenntnis.

Die meisten Übungen zur Entwicklung Ihrer medialen Fähigkeiten, die dieses Buch vorstellt, sollen in völlig entspanntem Zustand ausgeführt werden. Die unten beschriebene Meditationstechnik gehört zu den besten Methoden, diesen Zustand zu erreichen. Wenn Sie erst einmal damit vertraut sind, finden Sie in ihr den Schlüssel, der Ihnen eine ganz neue Erfahrungswelt erschließt. So kann Meditation Ihr Leben tiefgreifend verändern.

LICHT EINATMEN

Diese Übung ist der Schlüssel zur völligen Entspannung. Sie kann so lang oder so kurz dauern, wie Sie möchten.

1 *Begeben Sie sich in einen ruhigen Raum, in dem Sie sich wohl fühlen. Wenn Sie möchten, legen Sie beruhigende Musik auf, um innerlich zur Ruhe zu kommen. Schalten Sie die Musik ab, sobald Sie innerlich ruhig sind, und konzentrieren Sie sich.*

2 *Beginnen Sie nun, Ihren Atem bewusst wahrzunehmen, und hören Sie ihm aufmerksam zu.*

3 *Fügen Sie sich Ebbe und Flut Ihres Atems ein, und konzentrieren Sie sich sacht auf seinen ruhigen Rhythmus, so dass Ihr ganzes Wesen mit Ihrem Atem in Einklang kommt. Nehmen Sie sich Zeit – Sie sind dabei, in einen Zustand tiefer Meditation einzutreten.*

4 *Lassen Sie sich von Ihrem Atem zur inneren Ruhe geleiten, Ihrem »stillen Ort im Innern«, und atmen Sie diese Stille kontinuierlich aus Ihrem innersten Wesen heraus.*

5 *Visualisieren Sie Ihren Atem als Kreis auf einem Teich, der sich in immer größeren Radien nach außen hin fortsetzt oder als Lichtwelle, die von Ihrem Körper ausstrahlt.*

6 *Halten Sie bewusst diese Energie, und bleiben Sie konzentriert – driften Sie nicht ab. Atmen Sie eine Zeit lang so, und konzentrieren Sie sich dann auf den Gedanken, dass jedes Lebewesen atmet. Sagen Sie sich* ***»Wir alle atmen Licht ein«****. Öffnen Sie sich nun völlig den universalen Lichtkräften. Verweilen Sie in diesem Gefühl, so lange Sie möchten.*

7 *Führen Sie danach Ihr Bewusstsein sacht wieder in Ihren physischen Körper zurück (achten Sie besonders darauf, dass Ihre Füße immer Bodenkontakt haben).*

8 *Kreuzen Sie dann zum Zeichen des Abschlusses Beine und Arme.*

Die innere Suche

Sein wahres Selbst findet nur, wer sich fragt: »Wer bin ich?« Stellen Sie sich dieser Frage. Zunächst denken Sie dabei wahrscheinlich an die Aufgabe, die Sie im Leben haben. Fragen Sie sich dabei: »Bin das wirklich ich?« Wenn Sie unablässig weiterfragen, kommen Sie schließlich zum Kern Ihres wahren Selbst, der unveränderlich ist.

Wenn eine bohrende Frage Sie quält, kann Ihnen die Klarheit helfen, die Sie in der Meditation erfahren. Erhoffen Sie sich nicht gleich eine Antwort, meist kommt sie, wenn man es am wenigsten erwartet. Bis dahin hat die meditative Energie die Frage aus anderen Blickwinkeln durchleuchtet.

Bei einem besonders aktiven Gehirn kann ein »Koan«, eine paradoxe Aussage, helfen. Durch ihre fehlende Logik ent-intellektualisiert eine solche Frage den Verstand. Ein bekanntes Beispiel aus dem Zen lautet: »Wie klingt das Klatschen einer Hand?«

Wege zur Meditation

Vielleicht müssen Sie mehrere Anläufe nehmen, bis Sie Ihre ideale Meditationsform gefunden haben. Jeder der auf der nächsten Seite beschriebenen Wege erzielt eine etwas andere Wirkung. Keiner ist »besser« als der andere – es sind Alternativen. Welchen Weg Sie auch wählen; sie werden intuitiv spüren, wenn Sie in Ihrer individuellen, vollkommen ruhigen Mitte angekommen sind. Das ist das Ziel der Reise.

AUF DER SUCHE NACH DER STILLEN STIMME
Licht, Atem, Musik und Mantras sind Konzentrationshilfen, die man in der Meditation verwenden kann. Suchen Sie sich jene aus, die Sie zu der stillen Stimme in Ihrem Innern führt.

Atem

Der Atem ist die einfachste Konzentrationshilfe, die Beobachtung seines natürlichen Rhythmus' wirkt beruhigend auf den Geist. Lassen Sie jeden Atemzug ganz natürlich ein- und ausströmen, und beobachten Sie, wie der Atem durch Ihren Körper fließt und in ihm nachklingt. Zählen kann eine zusätzliche Hilfe sein. Atmen Sie auf 4 ein, halten Sie den Atem ein paar Sekunden lang an und atmen Sie dann auf 4 wieder aus.

Musik

Oft helfen besondere Meditationsmusik oder bestimmte klassische Stücke, den Geist von einströmenden Gedanken frei zu halten. Besonders wer noch nie meditiert hat, kann Musik als große Hilfe empfinden.

Mantra

Durch ständiges Wiederholen eines einzelnen Klangs, Wortes oder Satzes entsteht eine starke Kraft, die das Eindringen anderer Gedanken verhindert. Am besten wählt man einen heiligen Laut oder ein Wort, das einem viel bedeutet. Es kann laut oder in Gedanken gesprochen werden. Hilfreich ist es, das Mantra im Einklang mit dem Atem bei jedem Ein- oder Ausatmen zu sprechen. Schweift die Aufmerksamkeit ab, führen Sie sie sanft wieder zum Mantra zurück.

Licht

Wenn Sie lieber mit offenen Augen meditieren, ist eine brennende Kerze ein guter Konzentrationspunkt. Schließen Sie zuerst die Augen, und atmen Sie dann tief durch die Nase ein und aus. Öffnen Sie die Augen langsam wieder, und schauen Sie in die Flamme.

Zur optimalen Vorbereitung auf den Einsatz Ihrer medialen Kräfte sollte die Meditation ein so selbstverständlicher Bestandteil Ihres Alltags werden wie das Zähneputzen. Zwang wirkt allerdings kontraproduktiv. Zwei Minuten vollkommener Verbindung zur inneren Stille sind weit besser als 20 Minuten Stillsitzen ohne jeden Kontakt zur stillen Stimme im Innern. Hier zählt Qualität, nicht Quantität.

Mystiker halten die Meditation für den Weg zur Selbsterleuchtung. Östliche Lehren sprechen von der Notwendigkeit, den »äffischen Verstand« zu beruhigen, den geschäftigen, aktiven Teil unseres Denkens. Die Kraft dazu erhalten Sie in der tiefen Meditation; durch sie können Sie Ihre Gedanken konzentrieren, statt jeder flüchtigen Idee nachzujagen. Das Denken auf dieser Ebene der Klarheit ist wesentliches Kennzeichen der Selbstbeherrschung – es ist die wahre Freiheit.

TM

In den 1960er Jahren wurde durch Maharishi Mahesh Yogi die Transzendentale Meditation (TM) populär, die einen Laut oder ein Mantra als Konzentrationshilfe verwendet. Das kann ein Wort sein wie »Liebe«, »Friede« oder »Schönheit« oder der uralte Laut »Om« (der als der Urlaut gilt, aus dem das Universum geschaffen wurde); entscheidend ist der mentale wie emotionale Widerhall. Die Transzendentale Meditation fand viele Anhänger und ist noch heute eine weit verbreitete Meditationsform.

MEDITATIONSHILFEN
Der visuelle Reiz eines einzelnen Objekts – eines Blattes, einer Muschel, einer Blume oder eines Steins – kann während der Meditation als Konzentrationshilfe dienen. Dasselbe bewerkstelligt ein angenehmer Duft etwa von Räucherwerk oder ein Mandala wie das auf der nächsten Seite. Verwenden Sie, womit Sie am besten zurecht kommen; es sind alles nur Vorschläge.

Im Einklang mit den Chakras

Der medial begabte Mensch spürt oder sieht an sieben Punkten entlang der Wirbelsäule Zentren wirbelnder Energie, zuweilen in strahlenden Farben. Das sind die Chakras, wichtige Stationen eines Energiepfades vom Kopf bis zu den Füßen. Die Prana-Energie stammt aus den höchsten Bewusstseinsebenen und wirkt in jedem Chakra anders. Gut funktionierende Chakras erlauben den freien Fluss ätherischer Energie und ermöglichen so die Ausgeglichenheit von Körper, Seele und Geist, also vollständige Harmonie.

Die Chakrazentren sind wichtiger Bestandteil des Bildes, das beim Aurasehen betrachtet wird; sie sind die Fixpunkte des medialen »Abtastens«. Ein entsprechend begabter Mensch kann durch das Lesen der Chakras und der Aura Ihren gesamten körperlichen, emotionalen und mentalen Zustand erkennen. Wie auf der nächsten Seite erläutert, strahlt jedes Chakra Energie einer bestimmten Farbe ab. Von oben nach unten sind das: violett, indigo, blau, grün, gelb, orange und rot. Sie zeigen an, wie Sie nach außen auftreten und wie Sie sich selbst erleben (Seite 44).

DIE CHAKRAS
Die an sieben Körperzentren gelegenen Chakras (rechts) werden mit der Lotusblüte verglichen, die in Indien als heilig gilt. Die sich öffnende Blüte symbolisiert die Öffnung eines Chakras. Jedes Chakra wird mit einer bestimmten Anzahl Blütenblätter dargestellt, vom vierblättrigen Lotus des Wurzelchakra bis zum tausend- oder vielblättrigen des Kronenchakra. Die Funktionen der Chakras finden Sie auf der nächsten Seite.

Das Kronenchakra ***Sahasrara***

Energie: »Ich weiß.«

Dieses Chakra am Scheitelpunkt des Kopfes steht für den reinen Gedanken. Es verbindet uns mit dem unendlichen Bewusstsein. Durch seine Öffnung erlangen wir Zugang zu den tiefsten Quellen spiritueller Weisheit.

Das Stirnchakra ***Ajna***

Energie: »Ich sehe.«

Dieses Chakra in der Stirnmitte ist das Fenster des »Dritten Auges«. Geöffnet lässt es uns über das gewöhnlich Sichtbare hinaus schauen. Es verbessert die Hellsichtigkeit und ermöglicht den Blick in Vergangenheit, Gegenwart und Zukunft.

Das Kehlkopfchakra ***Visaddha***

Energie: »Ich spreche.«

Dieses Kommunikationszentrum in Höhe des Kehlkopfs ist mit Hören und Sprechen verbunden. Aktiviert ermöglicht es uns, im Geist der Wahrheit zu hören und zu sprechen. Es fördert die spirituelle Kommunikation und verbessert das mediale Hören, die Hellhörigkeit.

Das Herzchakra ***Anahata***

Energie: »Ich liebe.«

Dieses Chakra im Zentrum des Körpers ist die Brücke zwischen der physischen und der geistigen Welt. Aktiviert verstärkt es Liebesfähigkeit, Mitgefühl und Einfühlungsvermögen.

Das Solarplexus-Chakra ***Manipura***

Energie: »Ich kann.«

Dieses Chakra auf dem Sonnengeflecht steht für Lebenskraft und Willen. Geöffnet stellt es die Verbindung zur eigenen Kraft her und verwandelt Hoffnungen und Erwartungen in reale Möglichkeiten.

Das Sakralchakra ***Svadhisthana***

Energie: »Ich spüre/will.«

Die explosive Energie dieses Zentrums strahlt von seinem Sitz im Unterleib, zwischen Nabel und Genitalien, aus. Geöffnet setzt es unsere Kreativität und Fruchtbarkeit frei. Es sorgt für den inneren Antrieb und nährt Gefühle und Sexualität.

Das Wurzelchakra ***Muladhara***

Energie: »Ich habe.«

Dieses Chakra sitzt am unteren Ende der Wirbelsäule. Es ist immer geöffnet und verbindet uns mit der Erde und dem bloßen physischen Überleben. Es gibt Energie und erdet uns durch gesunde Grundbedürfnisse nach Nahrung, Wärme und Obdach.

Unser Wohlbefinden ist abhängig vom ungehinderten Fluss der ätherischen Energie durch die Chakras (siehe vorhergehende Seiten). Ist eines dieser Zentren blockiert, fühlen wir uns unwohl. Deshalb ist es wichtig, dass diese Energie frei fließen kann. Ein ausgezeichnetes Mittel zur Harmonisierung ist die Atemübung auf Seite 31, während die unten beschriebene Visualisation das Auffinden von Störungen in den Ckakras erleichtert.

Chakras, die sich »verstopft« anfühlen, können mit einfachen Methoden geöffnet werden. Das Wurzelchakra lässt sich zum Beispiel durch temperamentvolles Tanzen, Springen, Aufstampfen mit den Füßen, Rennen und Treten anregen. Alles, was die Hüften in Bewegung bringt, ist gut für das Sakralchakra, auch Beckenkreisen. Bewegungen mit dem Bauch machen den Solarplexus frei – Spiele mit dem Hula-Hoop-Reifen oder Bauchtanz. Das Herzzentrum stimuliert man durch Weiten der Brust, etwa beim Schwimmen oder durch seitliches Ausstrecken der Arme. Sanftes Kopfkreisen löst das Kehlkopfzentrum, ausgeprägtes Augenrollen öffnet das Dritte Auge. Ein mehrminütiger Kopfstand schließlich leitet Energie ins Kronenchakra. Wenn Ihre Chakras stets geöffnet sind, entwickeln Sie ein besseres Gespür für sich selbst.

Experimentelle Fantasiereise

Bei dieser Übung gibt es weder richtige noch falsche Antworten. Sie macht aber den Kopf frei und hilft Ihnen, Symbole zu erkennen, die Sie bei Ihrer medialen Arbeit brauchen. Außerdem öffnet sie den Zugang zum Unbewussten und inneren Disharmonien.

Konzentrieren Sie sich auf Ihre Chakras, und erspüren Sie, zu welchem Sie sich intuitiv hingezogen fühlen. Visualisieren Sie nun vor sich eine Tür in der Farbe dieses Chakras. Öffnen Sie die Tür, und betreten Sie den Raum dahinter. Beantworten Sie sich folgende Fragen:

- ❑ Wie sieht der Raum aus?
- ❑ Was ist an den Wänden?
- ❑ Welche Möbel stehen in dem Raum?
- ❑ Gibt es einen Schrank? Schubladen? Was ist drin?
- ❑ Hängt ein Bild an der Wand? Was zeigt es?
- ❑ Welchen Eindruck macht der Raum insgesamt?
- ❑ Ist noch jemand im Raum? Was teilt diese Person Ihnen mit?
- ❑ Wie gern oder ungern verlassen Sie den Raum wieder?

Auswertung

Ihre Gefühle in diesem Raum gelten der Energie des gewählten Chakras. Betreten Sie also den gelben Raum des Solarplexus, setzen Sie sich mit Ihrem Gefühl der Macht oder der Hilflosigkeit auseinander. Sind die Farben darin kräftig, strahlend und klar, ist alles in Ordnung; dunkle oder trübe Farben hingegen deuten auf Probleme. Möbel stehen für Belastungen, und von allem, was in Schränken oder Schubladen steckt, sollten Sie sich trennen. Bilder an der Wand sind ein Abbild Ihrer selbst. Aus medialer Sicht ist der Idealzustand des Raums die völlige Leere. Ist Ihr Raum vollgestellt und unordentlich, gibt es in diesem Bereich Ihrer Persönlichkeit noch viel Ungelöstes.

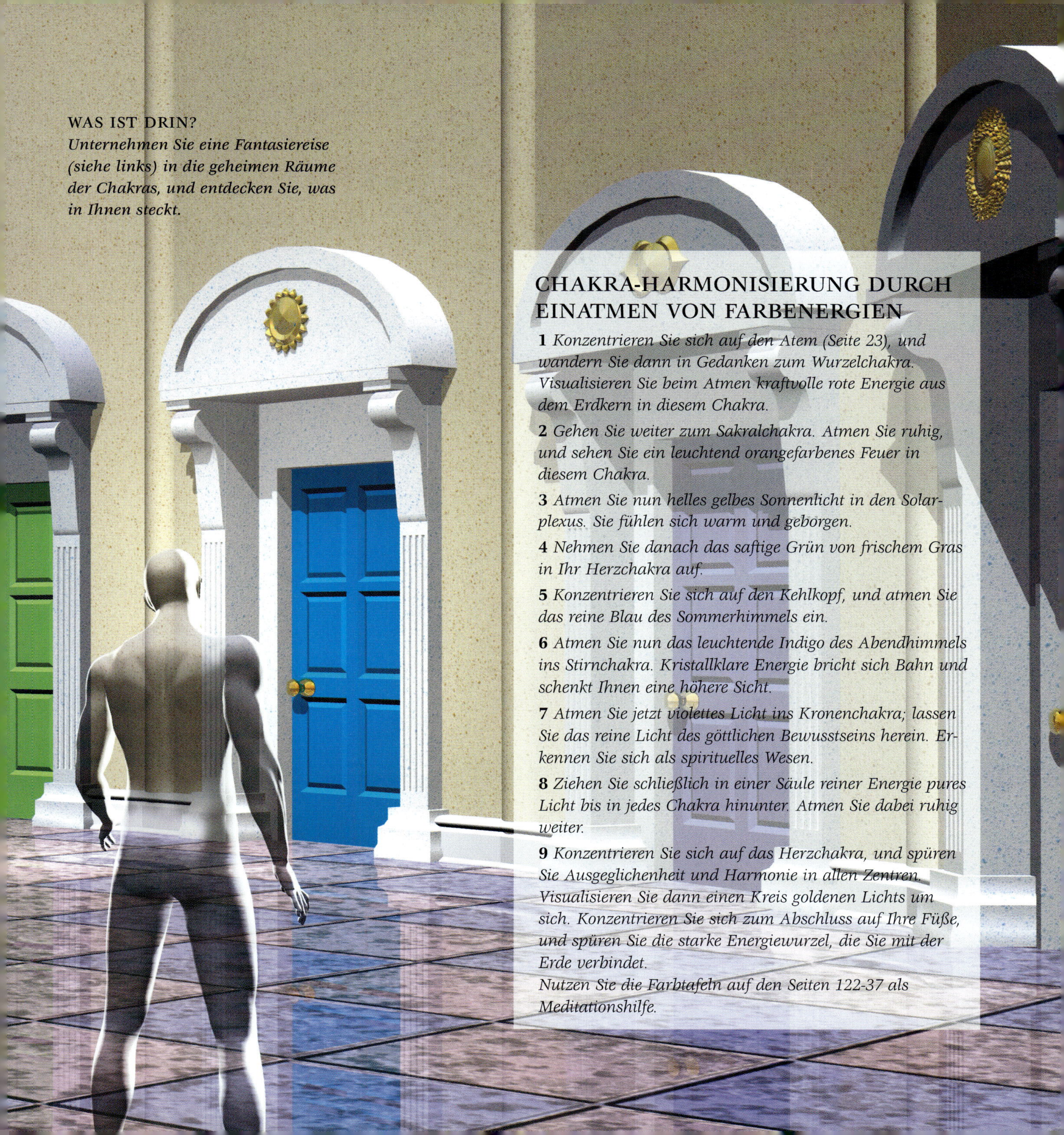

WAS IST DRIN?
Unternehmen Sie eine Fantasiereise (siehe links) in die geheimen Räume der Chakras, und entdecken Sie, was in Ihnen steckt.

CHAKRA-HARMONISIERUNG DURCH EINATMEN VON FARBENERGIEN

1 *Konzentrieren Sie sich auf den Atem (Seite 23), und wandern Sie dann in Gedanken zum Wurzelchakra. Visualisieren Sie beim Atmen kraftvolle rote Energie aus dem Erdkern in diesem Chakra.*

2 *Gehen Sie weiter zum Sakralchakra. Atmen Sie ruhig, und sehen Sie ein leuchtend orangefarbenes Feuer in diesem Chakra.*

3 *Atmen Sie nun helles gelbes Sonnenlicht in den Solarplexus. Sie fühlen sich warm und geborgen.*

4 *Nehmen Sie danach das saftige Grün von frischem Gras in Ihr Herzchakra auf.*

5 *Konzentrieren Sie sich auf den Kehlkopf, und atmen Sie das reine Blau des Sommerhimmels ein.*

6 *Atmen Sie nun das leuchtende Indigo des Abendhimmels ins Stirnchakra. Kristallklare Energie bricht sich Bahn und schenkt Ihnen eine höhere Sicht.*

7 *Atmen Sie jetzt violettes Licht ins Kronenchakra; lassen Sie das reine Licht des göttlichen Bewusstseins herein. Erkennen Sie sich als spirituelles Wesen.*

8 *Ziehen Sie schließlich in einer Säule reiner Energie pures Licht bis in jedes Chakra hinunter. Atmen Sie dabei ruhig weiter.*

9 *Konzentrieren Sie sich auf das Herzchakra, und spüren Sie Ausgeglichenheit und Harmonie in allen Zentren. Visualisieren Sie dann einen Kreis goldenen Lichts um sich. Konzentrieren Sie sich zum Abschluss auf Ihre Füße, und spüren Sie die starke Energiewurzel, die Sie mit der Erde verbindet.*

Nutzen Sie die Farbtafeln auf den Seiten 122-37 als Meditationshilfe.

Den eigenen Willen kennen

In medialen Techniken erfahrene Menschen wissen, dass man seinen Willen auch allein durch energische Gedankenkonzentration realisieren kann (Gedanken und Gefühle sind Energieformen, und Energie folgt der Gedankenkraft). Zielgerichtetes Denken ist in der spirituellen Arbeit und beim Heilen ein wirkungsvolles Instrument, mit dem aber sehr verantwortungsbewusst umgegangen werden muss. Wer Energie aussendet, muss wissen und exakt meinen, was er bewirkt. Überprüfen Sie jeden einzelnen Aspekt, bevor Sie zur Tat schreiten. Aktivieren Sie nie einen Gedanken oder eine Tat gegen den Willen eines anderen, so gut das auch gemeint sein mag. Sie glauben, Sie seien gefeit dagegen, anderen Ihren Willen aufzuzwingen? Gehen Sie einmal die Fragen auf der nächsten Seite durch, und denken Sie dann über die unten aufgeführten Willensarten nach. Dabei werden Sie erkennen, dass die subtilen Spielarten des Willens – wie der karmische und der göttliche Wille – genauso wichtig sind wie die direkteren Varianten.

Vier Willensarten

Können Sie Ihren persönlichen Stil der Willensausübung erkennen? Überlassen Sie sich dem Lauf der Dinge oder lieber nichts dem Zufall? Jeder Wille ist wertvoll.

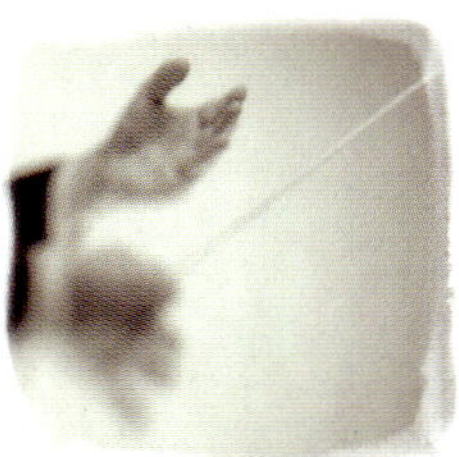

Starker Wille
Dieser Wille ist direkt; man überzeugt sich selbst oder andere, das Gewünschte zu tun. Zum Guten angewandt ist er eine positive Kraft, in Gestalt von Schikane oder Rücksichtslosigkeit hingegen schädlich.

Schlauer Wille
Mit Raffinesse erreicht man das Erwünschte auf indirektem Weg. Man manipuliert andere durch offenen Charme oder verdeckte Tricks. Schlau wie ein Fuchs kommt man still und heimlich zum Ziel.

Karmischer Wille
Das ist der subtile Wille von Ursache und Wirkung. Unsere Vergangenheit kann mit unausweichlicher Kraft auf die Gegenwart einwirken, so dass wir ernten (müssen), was wir gesät haben.

Göttlicher Wille
Er ist allmächtig und reicht über den persönlichen Willen hinaus auf die universale Ebene. Er verbindet uns mit dem Höheren oder Spirituellen Selbst. Er vereint himmlischen und persönlichen Willen.

Wo ein Wille ist ...
Jede mediale Arbeit erfordert sorgfältige Überlegung; das heißt, wir müssen in jeder Situation die richtige geistige Haltung finden. Als willensstarker Mensch möchten Sie Probleme wahrscheinlich am liebsten mit Ihrem Starken Willen lösen. Das könnte aber ein Fehler sein – womöglich ist ja der Karmische Wille am Werk. Vielleicht ist auch der indirekte Schlaue Wille angebrachter. Bleiben Sie aufgeschlossen, und überlassen Sie die Entscheidung für die richtige Reaktion Ihrer Intuition. Üben Sie dann Ihren Willen in angemessener Form aus.

Welchen Willen haben Sie?

Kreuzen Sie nur die Fragen an, die Sie sicher mit »Ja« beantworten können.

- ❑ **1** Wundern Sie sich oft, warum andere negativ auf Sie reagieren?
- ❑ **2** Können Sie effektiv erreichen, was Sie sich vorgenommen haben?
- ❑ **3** Wenn Sie etwas wollen, erarbeiten Sie dann einen richtigen Plan, wie Sie Ihr Ziel erreichen können?
- ❑ **4** Nehmen Sie bei Ihren Entscheidungen Rücksicht auf andere?
- ❑ **5** Richten Sie Ihre Entscheidungen unabhängig von Ihren persönlichen Wünschen am Gesamtwohl aus?
- ❑ **6** Verfolgen Sie hartnäckig, was Sie wollen, bis Sie es haben?
- ❑ **7** Können Sie Schwierigkeiten als Teil eines übergeordneten Plans akzeptieren?
- ❑ **8** Können Sie sich dem Lauf der Dinge einfügen und aus allem, was geschieht, etwas lernen?
- ❑ **9** Bringen Sie es fertig, dass andere unmerklich tun, was Sie wollen?
- ❑ **10** Überprüfen Sie Ihr Handeln darauf, ob es Ihnen intuitiv richtig erscheint?
- ❑ **11** Versuchen Sie hin und wieder, Menschen zu etwas zu überreden, dessen sie sich nicht sicher sind?
- ❑ **12** Können Sie sich auf eine Frage konzentrieren, ohne sich ablenken zu lassen?

Auswertung

Lassen sich die Kästchen, die Sie angekreuzt haben, ganz oder überwiegend einer der folgenden Zahlengruppen zuordnen? Wenn ja, ergibt sich bereits ein recht genauer Eindruck von der Art Ihres Willens. Sind die angekreuzten Kästchen gleichmäßig verteilt, sind Sie sehr ausgeglichen und üben Ihren Willen flexibel und positiv aus.

2 6 11

Sie wenden oft den STARKEN Willen an

Achten Sie darauf, dass das nicht auf Kosten anderer geschieht. Ihr Verhalten wird unweigerlich auf Sie zurück wirken. Anderen den eigenen Willen aufzuzwingen ist eine Form des medialen Angriffs.

3 9 12

Sie haben den SCHLAUEN Willen

Sie arbeiten mit Raffinesse. Achten Sie darauf, dass Sie damit nicht andere gegen deren Willen manipulieren; denn dabei kommt nie etwas Gutes heraus.

1 4 10

Sie kennen den KARMISCHEN Willen

Sie sind ein nachdenklicher Mensch, der die Naturgesetze von Ursache und Wirkung respektiert. Deshalb denken Ihre Mitmenschen meist positiv über Sie und reagieren entsprechend.

5 7 8

Sie vertrauen auf den GÖTTLICHEN Willen

Sie sind verständnisvoll und altruistisch. Sie sind der Typ, der wahrscheinlich Glück und Erfüllung findet, denn Sie können das Leben von höherer Warte sehen und in allem einen Sinn erkennen.

Positives Denken

Zielgerichtetes Denken ist die Basis jeder medialen Arbeit – und jeder Gedanke hat immense Kraft. Wenn Sie das wissen, können Sie konzentrierte Gedankenkraft dazu einsetzen, sich von allen negativen Gedankenmustern zu befreien. Damit stärken Sie Ihr Selbstvertrauen, vertiefen Ihre mediale Begabung und werden deutlich produktiver.

Hören Sie sich zunächst einfach einmal zu. Beginnen Sie Ihre Sätze häufig mit, »Leider ...« oder »Entschuldigung, ...« Erwischen Sie sich hin und wieder bei dem Ausruf: »Wieder mal Pech gehabt, typisch!« Wenn Sie einmal die gedanklichen Botschaften, die von diesen Worten ausgehen, analysieren, wissen Sie genau, warum Sie kein Glück haben. Eingeschliffene Gewohnheiten zu ändern, kann ein hartes Stück Arbeit sein. Aber geben Sie nicht auf: Es lohnt sich.

Wenn Sie jemanden »schlecht machen«, kommt diese Energie wieder zu Ihnen zurück. Jeder hat etwas Besonderes zu geben, nutzen Sie also Ihr mediales Verständnis, um das Gute im anderen zu finden.

Lassen Sie sich nicht in negative Gespräche verwickeln. Zeigen Sie Mitgefühl, wenn zum Beispiel ein Freund immer wieder katastrophale Beziehungen eingeht, und fragen Sie ihn dann, was er daraus lernen kann, damit er so etwas nicht noch einmal erleben muss.

Positives Denken hat zwar viele Vorteile, ist aber kein Allheilmittel. Es sollte nie zum Verdrängen oder Verleugnen von Leid und Schmerz führen. Setzen Sie sich mit Problemen auseinander, und nutzen Sie dann geeignete Affirmationen dazu, schädliche festgefahrene Verhaltensmuster zu ändern.

Die goldenen Regeln

Begeben Sie sich in einen entspannten, meditativen Zustand (Seite 23), und bitten Sie um einen inspirierenden Satz, den Sie sich jeden Tag vorsagen können, damit es Ihnen gut geht. Lassen Sie sich dabei von folgenden Richtlinien leiten:

Formulieren Sie schlicht.

Seien Sie erfinderisch.

Fassen Sie den Satz in einen eingängigen Reim oder Slogan von höchstens vier Zeilen.

Sagen Sie sich Ihren Satz mindestens 28 Tage lang mindestens drei Mal täglich laut vor.

Sprechen Sie immer in der ersten Person, sagen Sie »Ich«.

AFFIRMATIONEN

Gesundheit	***»Mein Körper ist der Tempel meiner Seele und sorgt gut für mich.«***
Mut	***»Ich bin eins mit dem Universum und zu jeder Zeit geborgen.«***
Beruf	***»Toller Job und toller Lohn erwarten mich schon.«***
Liebe	***»Ich liebe die Welt, und die Welt liebt mich.«***
Erfolg	***»Fülle und Erfolg kommen nun in vielerlei Form auf mich zu.«***
Glück	***»Ich bin ausgeglichen, froh, glücklich und fröhlich und ohne Angst.«***
Wohlstand	***»Das Universum ist eine unerschöpfliche Quelle, die ihren Reichtum über mich ergießt.«***

IMMER WEITER, IMMER HÖHER

Sobald Sie gelernt haben, die Kraft des positiven Denkens zu nutzen, tut sich die Treppe zum Erfolg vor Ihnen auf. Machen Sie sich mit dieser außergewöhnlichen Technik das Leben in jeder Hinsicht schöner: eine attraktivere Stelle, der Ausbau Ihrer Begabungen oder eine strahlende Gesundheit.

Geist und Materie

Vielleicht konnten Sie durch positives Denken Ihre Gefühle und Ihr Verhalten ändern (siehe vorhergehende Seiten), weit unglaublicher erscheint jedoch die Tatsache, dass Sie mit derselben Energie auch Gegenstände beeinflussen können. Diese Fähigkeit bezeichnet man als Psychokinese, kurz PK. Bis heute gibt es keine schlüssige Erklärung dafür, warum manche Menschen willentlich Münzen auf die Kopf- oder Zahlseite fallen lassen, Uhren anhalten oder Computer an- und ausschalten können. Forscher konnten jedoch ein bestimmtes Muster in den Gehirnwellen dieser Menschen ausmachen, während sie die PK anwandten. Möglicherweise sind diese Entdeckungen der Schlüssel zu dieser Fähigkeit, und auch Sie können sie entwickeln. Damit sind Sie dem Geschehen um die entscheidende Nasenlänge voraus und haben bessere Chancen bei Wetten mit Würfeln oder Karten. Versuchen Sie sich ruhig an den Experimenten auf den nächsten Seiten – Sie können damit Ihre psychokinetischen Fähigkeiten deutlich verbessern.

Wenn Sie den Bogen erst einmal heraus haben, lässt sich PK vielfältig einsetzen. Vielleicht liegen ja Billardkugel oder Golfball am Rand des Lochs. Versuchen Sie dann einmal, den Ball nur mit Ihrer Willenskraft hineinzuschieben – Sie werden staunen, wie oft Ihnen das gelingt. Mit derselben konzentrierten Gedankenkraft können Sie auch Uhren und Computer an- und ausschalten.

GEDANKENENERGIE AKTIVIEREN

Wenn Sie den Bogen rauskriegen, ist diese Übung ein hervorragender Gradmesser für Ihre Fortschritte in der PK. Schalten Sie das rationale Denken ab, und glauben Sie daran, dass es möglich ist und dass Sie es können.

1 *Stellen Sie in einem schwach erleuchteten Raum ohne Zugluft eine Kerze in einem Leuchter auf einen Tisch.*

2 *Setzen Sie sich in einem Abstand von mindestens 45 cm vor die Kerze an den Tisch. Entspannen Sie sich (Seite 23). Schauen Sie so lange direkt ins Zentrum der Flamme, bis Sie völlig im Einklang sind mit ihrer Bewegung, ihrem Rhythmus und ihrer Energie.*

3 *Fokussieren Sie dann den Blick entspannt etwa 2-3 cm über die Flamme, bis Sie spüren, wie die Flamme »nach oben zieht«.*

4 *Leiten Sie in dem Augenblick, in dem das geschieht, einen plötzlichen Schuss konzentrierter Energie in die Flamme; er beschleunigt die Aufwärtsbewegung und hebt die Flamme.*

5 *Halten Sie die Flamme in dieser Höhe so lange Sie können, lösen Sie dann den Blick von ihr und lassen Sie sie wieder auf ihre ursprüngliche Höhe zurück fallen.*

CHANCEN VERBESSERN

Wenn man eine Spielkarte in die Luft wirft, stehen die Chancen 50:50, dass sie mit der Vorder- oder Rückseite aufkommt. Können Sie mit Ihrer Gedankenkraft das Ergebnis beeinflussen?

1 *Entspannen Sie sich (Seite 23), und legen Sie fest, ob die Karte auf der Vorder- oder Rückseite aufkommen soll.*

2 *Werfen Sie eine Karte in die Luft, und beeinflussen Sie ihren Fall willentlich. Machen Sie das 100 Mal, und schreiben Sie die Ergebnisse auf.*

3 *Erstellen Sie eine Kontrollstatistik aus weiteren 100 Würfen, die Sie nicht willentlich beeinflusst haben. Das Ergebnis sollte dem Durchschnittswert von 50:50 recht nahe kommen.*

4 *Ermitteln Sie Ihr beeinflusstes Ergebnis. Bei um die 65 »Treffern« zeigen Sie eindeutig PK-Talent.*

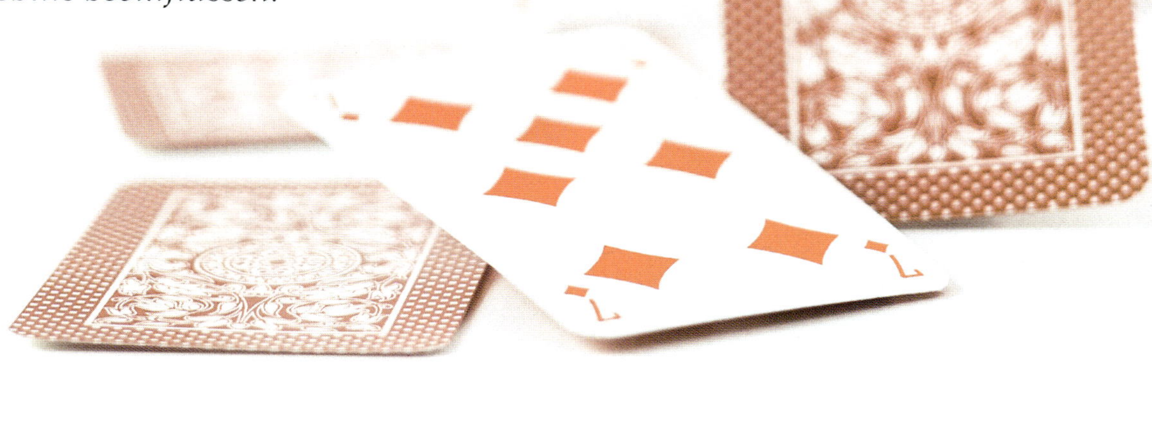

Wenn Sie bei den einfachen psychokinetischen Übungen mit einer Kerzenflamme oder einer Spielkarte (siehe vorhergehende Seite) gute Ergebnisse erzielen konnten, haben Sie erlebt, wie befriedigend es ist, zu erleben, was die eigene Gedankenkraft bewirken kann. Aber es gibt noch mehr Möglichkeiten der Anwendung konzentrierter geistiger Energie; vielleicht haben Sie schon einmal gehört, dass man Objekte durch reine Konzentration bewegen kann. Möglich ist das, aber für einen Einzelnen sehr schwer.

Die besten Erfolge beim Bewegen von Gegenständen durch angewandte Gedankenkraft erzielt man in der Zusammenarbeit mit anderen. Wenn Sie bereits in einer Gruppe zur Entwicklung medialer Fähigkeiten sind, haben Sie gelernt, Ihre Energien zu synchronisieren. Aber hat Ihre Gruppe auch schon einmal versucht, ihre gesammelte Energie auf die Bewegung unbelebter Gegenstände zu verwenden? Die besten Ergebnisse kamen in kleinen Gruppen zustande, die sich regelmäßig in zwangloser Runde treffen. Dabei zeigte sich, dass diese PK-Experimente ein ausgezeichnetes Mittel sind, um das mediale Teamwork zu verbessern.

Wenn Sie nicht Mitglied einer solchen Gruppe sind, können Sie Freunde bitten, mit Ihnen die unten erläuterte Übung zu machen. Das birgt allerdings ein gewisses Risiko: Selbst Menschen, die Sie gut kennen, könnten der Versuchung erliegen, dem Ergebnis ein wenig nachzuhelfen. Seien Sie also wachsam.

MIT VEREINTEN KRÄFTEN

Die vereinte Kraft einer medialen Gruppe kann buchstäblich Dinge in Bewegung setzen. Probieren Sie's aus.

1 *Sie brauchen einen geschlossenen Behälter, am besten aus Glas. Ideal ist ein Glaskästchen mit passendem Deckel, durch das man den Gegenstand sehen aber nicht berühren kann.*

2 *Legen Sie den Gegenstand, der bewegt werden soll, in den Behälter. Versuchen Sie es zunächst mit Zucker oder Kaffeemehl, und verwenden Sie erst später kleine Objekte, z.B. eine Nadel. Stellen Sie das Kästchen auf einen Tisch, so dass jeder aus der Gruppe es sehen kann.*

3 *Bitten Sie die Gruppe, um den Tisch herum Platz zu nehmen. Jeder sollte sich in einen entspannten, leicht meditativen Zustand versetzen, denn wie Sie wissen, kann zuviel Konzentration kontraproduktiv sein.*

4 *Bitten Sie nun entweder ein Geistwesen Ihres Vertrauens um Hilfe, oder geben Sie der aktiven Gedankenenergie der Gruppe einen Namen, z.B. »die Kraft«.*

5 *Die Gruppe sollte sich dann schweigend darauf konzentrieren, sich mit dem Geistwesen oder »der Kraft« zu verbinden und sie um ihre Hilfe beim Bewegen des Gegenstands im Kästchen bitten.*

6 *Bei Kaffeemehl oder Zucker kann man das Wesen oder »die Kraft« bitten, eine Spur, ein Muster oder ein Zeichen darin zu hinterlassen. Jetzt sollte jeder Einzelne das gewünschte Ergebnis deutlich visualisieren.*

7 *Fokussieren Sie die Konzentration der Gruppe in kurzen Intervallen von höchstens 20 Minuten darauf. Brechen Sie das Experiment sofort ab, wenn ein Mitglied der Gruppe Angst bekommt oder eine finstere Energie spürt.*

Den medialen Blick schärfen

Sehen Sie hin und wieder einen seltsamen Schatten aus dem Augenwinkel oder einen farbigen Nebel um einen Menschen oder ein Tier oder schweben Lichtpunkte vor Ihren Augen? All das sind Beispiele für mediales Sehen, d. h. die Fähigkeit, Energien wahrzunehmen, die mit bloßem Auge normalerweise nicht sichtbar sind. Diese Fähigkeit ist äußerst nützlich; sie erweitert nicht nur Ihre Wahrnehmung von der Welt um eine weitere Dimension, sondern ermöglicht auch das Aurasehen (Seite 42) und verbessert die Hellsichtigkeit (Seite 90). Mit den Übungen unten und gegenüber können Sie Ihren medialen Blick schärfen. Sie vermitteln Ihnen die Flexibilität, den Blick automatisch anders zu fokussieren.

ÜBUNG ZUR WAHRNEHMUNGSVERSCHIEBUNG

Nicht alle Bilder sind, was sie auf den ersten Blick zu sein scheinen. Was sehen Sie auf dem Bild rechts? Eine bekannte Person oder eine Vielzahl winziger Bilder mit einem größeren in der Mitte. Halten Sie die Seite nun einmal ein ganzes Stück von sich weg, und kippen Sie das Buch etwas. Was sehen Sie jetzt?

SEHEN MIT DEM DRITTEN AUGE

Alte ägyptische Hieroglyphen zeigen oft das Bild des »dritten Auges«, eines unsichtbaren Zentrums medialer Wahrnehmung in der Stirnmitte hinter der Epiphyse. Das Sehen mit dem dritten Auge ist eine magische Kunst der Eingeweihten. Diese Fähigkeit zu entwickeln dauert viele Jahre, oft ein ganzes Leben. Sie ist ein äußerst machtvolles Instrument, das den vollständigen Überblick über das Leben gewährt, etwa so als ob man von einem Flugzeug aus das Geschehen am Boden beobachtete.

MEDIALES FOKUSSIEREN

Die Verbesserung Ihrer Fähigkeit, sichtbare Phänomene zu beobachten, kann Ihnen helfen zu sehen, was anderen verborgen bleibt.

1 *Entspannen Sie sich (Seite 23), und heben Sie die Arme vor dem Körper. Strecken Sie die Zeigefinger. Der Abstand dazwischen sollte etwa 15 cm betragen.*

2 *Konzentrieren Sie sich auf den Raum zwischen Ihren Fingern, und halten Sie den Blick einige Minuten lang.*

3 *Führen Sie nun die Finger langsam zusammen, bis sie optisch zu einem verschmelzen. Achten Sie darauf, wie sich Ihre Augen auf die Position dieses Bildes einstellen. Sie bewegen sie dabei entweder nach rechts oder nach links, je nach dem, welchem Finger Sie mehr Aufmerksamkeit gewidmet haben.*

4 *Wiederholen Sie das, bis Sie auch ohne die Hilfe der beiden realen Finger einen dritten Finger visualisieren können.*

5 *Die Position dieses dritten Fingers ist die Stelle, auf die Sie beim Auralesen (Seite 42) oder beim medialen »Abtasten« schauen sollten. Tun Sie es mit entspanntem, halb fokussiertem Blick.*

Auras sehen

Alle Lebewesen sind von einem komplexen elektrischen Feld, der »Aura«, umgeben. Manche Menschen besitzen die angeborene Fähigkeit, diese Aura mit bloßem Auge sehen zu können. Sie sprechen von leuchtenden, glänzenden Bändern in den Regenbogenfarben, die vom Körper ausgehen und ihn umgeben. Über den Ursprung dieser Strahlungsenergie gibt es verschiedene Theorien: Zumeist nimmt man an, dass sie aus der höchsten Bewusstseinsebene kommt und durch die Chakras (Seite 28) in den Körper hinein und wieder heraus gelangt. Die Aura ist außerdem als starkes elektromagnetisches Feld erklärbar, das uns mit einem sehr feinen Gespür für äußere Einflüsse ausstattet und die Schwingungen unserer eigenen Energie an die Welt abgibt. Neuere Studien mit Blindtests haben ergeben, dass Menschen »spüren«, wenn jemand sie anschaut, auch wenn sie nicht sehen können, wer es ist. Die Forscher nehmen an, dass diese Information von der Aura aufgenommen wird.

Die Aura ist eine vollständige, physische, emotionale, mentale und spirituelle »Landkarte« von Leben und Persönlichkeit eines Menschen. Sie bildet Gedankenmuster ebenso deutlich ab wie das Anschwellen und Abflauen von körperlicher und emotionaler Energie und zeigt alle Bereiche, die Heilung oder Energetisierung benötigen. Bevor Sie nun die Aura-Karte Ihrer Mitmenschen erkunden, sollten Sie zuerst anhand der gegenüber beschriebenen Techniken Ihre eigene Aura kennen lernen.

DIE AURA ABBILDEN

Dem sowjetischen Ehepaar Semjon und Valentina Kirlian gelang es als ersten, die Aura fotografisch abzubilden. Seither hat die Technik rapide Fortschritte gemacht, und der britische Radiologe Dr. Walter Kilner entwickelte den sogenannten Kilner-Schirm, der die Aura sichtbar macht. Danach lernten viele medial Begabte, Krankheiten in der Aura zu diagnostizieren und zu heilen. Bei Esoterikmessen und -seminaren können Sie ein Farbfoto von Ihrer Aura machen lassen. Die Kirlian-Fotografie wird noch heute angewandt. Ein berühmtes Beispiel ist das Bild eines halben Blattes – auf dem Foto erscheint das Blatt ganz, weil die von ihm ausgehende Energie nicht geschädigt wurde.

IHRE AURA ENTDECKEN

Erkunden Sie mit dieser Technik das Energiefeld um Ihren Körper

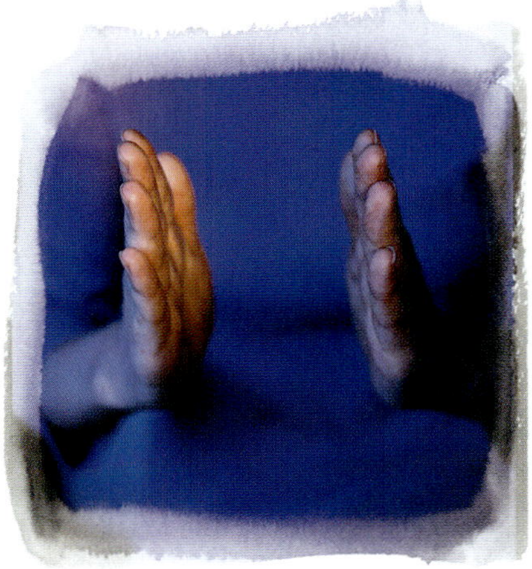

*****1** Führen Sie diese Übung bei schwacher Beleuchtung aus. Setzen Sie sich vor eine leere Wand, und entspannen Sie sich (Seite 23).*

***2** Strecken Sie die Arme vor sich aus, so dass eine Handfläche nach oben, die andere nach unten zeigt.*

***3** Pressen Sie die Hände rasch zusammen. Wechseln Sie nach einer oder zwei Minuten die Seiten, und drücken Sie wieder, bis Sie ein Ziehen spüren.*

***4** Lassen Sie Hände und Arme neben den Körper sinken. Heben Sie sie dann langsam mit einander zugewandten Handflächen wieder an. Führen Sie die Hände ganz langsam zusammen, bis Sie einen Widerstand fühlen. Spüren Sie, wie sich Ihre Hände geradezu magnetisch anziehen, aber verhindern Sie, dass sie sich berühren.*

***5** Schauen Sie nun mit halbfokussiertem Blick (Seite 41) auf die Umgebung Ihrer Hände. Möglicherweise erkennen Sie einen Lichtschimmer – vielleicht sogar eine Farbe. Achten Sie darauf und auf die Energie zwischen Ihren Händen, die sich als Pulsieren oder Prickeln äußern kann – das ist Ihre Aura.*

AURATEST

Ihre Aura reagiert auf Stimmungen, Menschen und Orte. Mit dieser Methode können Sie jederzeit einen raschen Blick auf die gerade vorherrschende Farbe werfen.

***1** Die eigene Aura ganz zu sehen, ist schwierig, die momentan dominierende Farbe lässt sich jedoch leicht erkennen.*

***2** Fokussieren Sie den hier abgebildeten Regenbogen aus der Nähe, und betrachten Sie dann Ihr Gesicht im Spiegel. Es sollte dabei von hinten schwach angestrahlt werden. Schließen Sie die Augen, und visualisieren Sie den Regenbogen über Ihrem Kopf.*

***3** Öffnen Sie schnell die Augen, und betrachten Sie den Farbschimmer über Ihrem Kopf. Hier erkennen Sie die momentan wichtigste Farbe in Ihrer Aura.*

***4** Deuten Sie die Farbe(n), die Sie sehen, anhand der Farbtafel auf den folgenden Seiten. Halten Sie fest, wie sich die Farben von Mal zu Mal verändern.*

Die meisten Menschen wissen um die Farben in der Aura, wenn auch häufig nur auf subliminaler Ebene. Diese unbewusste Erkenntnis spiegelt sich in beiläufigen Redewendungen wie »sich schwarz ärgern«, »rot werden vor Zorn«, »grün anlaufen vor Neid«, »alles durch die rosarote Brille sehen« oder »sein blaues Wunder erleben«. Diese intuitiven Bemerkungen sind unsere Reaktion auf die vorherrschende Farbe in der Aura unseres Gegenübers – ein spontaner medialer Schnappschuss. Um aber alle unterschiedlichen Nuancen im Regenbogen der Aura entziffern zu können, braucht es ein fein ausgebildetes Gespür.

Das ständige Farbenspiel reflektiert veränderliche Gedanken, Impulse und Emotionen, und es ist höchst faszinierend, die Bedeutung jeder Nuance zu erkunden (siehe rechts). Versuchen Sie dennoch, sich nicht in Einzelheiten zu verzetteln; genauso wichtig ist es, darauf zu achten, welche Gefühle die Farben und damit die Energie, die sie aussenden, in Ihnen auslösen. Wie empfinden Sie eine bestimmte Farbe? Fließt sie sanft? Oder ist sie spitz und stachelig? Und am wichtigsten: Ist sie klar und rein? Schmutzige, fleckige Stellen sind kein gutes Zeichen.

Außerdem ist es von Bedeutung, wie die Farben zusammenspielen: »Beißen« Sie sich? Sind sie harmonisch? Fließende Übergänge zwischen den Farben zeigen, dass dieser Mensch gerne mit anderen kommuniziert. Harte, beißende Kontraste aber könnten auf innere Konflikte und die Unfähigkeit hinweisen, sich zwischen den verschiedenen Bewusstseinsebenen ungezwungen hin und her zu bewegen.

Denken Sie daran, dass die Farben der Aura direkt mit den Chakras verbunden sind. Eine ausgewogene, gesunde Aura bewahrt man sich deshalb am besten, indem man, wie auf Seite 31 beschrieben, Farbe in jedes Chakra atmet.

Rot

Leuchtendes, lebendiges Rot zeigt körperliche Energie oder Wut. Ein tiefes Purpur steht für einen ausgeprägten Sexualtrieb, Scharlach für ein starkes Ego. Reines, helles Rot kann bei Erschöpfung energetisierend wirken.

Rosa

Rosarot ist Zeichen selbstloser Liebe und Feinfühligkeit. Es ist die Farbe der Heiler oder Indiz dafür, dass der Mensch gerade spirituelle Heilung erfährt.

Grün

Ein klares, frisches Grün zeigt Ausgeglichenheit und Wachstum, ein Pastellton Spiritualität. Dunkelgrün deutet auf Neid und Selbstsucht. Ein schmutziges Olivgrün bezeichnet Gier, Täuschung oder Depression.

Blau

Blau kann eine zutiefst heilende Farbe sein, die für einen unabhängigen Geist steht. Dunkelblaue Stellen in der Aura zeigen Starrköpfigkeit oder Dogmatismus. Ein tiefes Marineblau hingegen ist ein ausgezeichneter Schutz.

Orange

Ein strahlendes Orange ist Zeichen einer gesunden Sexualität. Schmutzige Farbtöne deuten auf Maßlosigkeit. Rötliches Orange verrät Gerissenheit. Ein loderndes oranges Flammenmeer zeigt, dass die Sexualität außer Rand und Band geraten ist.

Gelb

Ein klares, strahlendes Gelb steht für Verstand, Wärme und Mitgefühl. Schmutzige oder dunkle Töne deuten auf einen ängstlichen, nachtragenden, bequemen Menschen mit ausgeprägter Anspruchshaltung.

Gold

Diese wahrhaft spirituelle Farbe findet man nur selten in einer Aura – sie ist das Zeichen der Heiligen und göttlichen Wesen, versinnbildlicht im Heiligenschein. Beim Heilen wirkt Gold allgemein therapiefördernd und schützend.

Silber

Wer von dieser Farbe umgeben ist, dessen mentale Energie ist chaotisch. Solche Menschen leben in einer Welt der Illusionen und sind möglicherweise geisteskrank. Allerdings schützt Silber auch – visualisieren Sie es um Ihr Auto.

Indigo/Violett

Indigo ist seit Anbeginn der Zeit die Farbe der Priesterin oder des Priesters. Wahrheitssuchende strahlen sie aus. Reines Violett zeigt einen hoch spirituellen Menschen an.

Grau/Schwarz

Ein schwarzes oder graues Band über dem Kopf ist Indiz für depressive Gedanken. Über Solarplexus oder Unterleib indizieren diese Farben negative Gefühle.

Braun

Braun deutet auf einen materialistischen Menschen mit Geschäftssinn und Organisationstalent. Ein schmutziger Farbton findet sich bei jemandem, der sofort haben muss, was er will.

Weiß

Wie Gold taucht auch Weiß in der menschlichen Aura nur selten auf. Es zeigt immer ein hoch entwickeltes, göttlich spirituelles Wesen – einen Heiligen oder Mystiker.

Die vollständige Interpretation dessen, was sich in der Aura zeigt, ist eine hohe Kunst. Dazu braucht es ein klares Bild vom Aufbau der Aura und vom Sitz der verschiedenen Farben; denn dies ist ein entscheidender Schlüssel zum Verständnis der Bedeutung aller Farbnuancen, die in der Aura zu sehen sind.

Nutzen Sie die Abbildung auf der nächsten Seite als Konzentrationshilfe. Sie zeigt, dass die menschliche Aura aus sieben Schichten besteht, die aus den Chakras (Seite 28) kommen. Diese feinen Schichten strahlen als farbige Bänder um den Körper nach außen. Aussehen und Struktur dieser Farben sind die wichtigsten Indizien dafür, was sich auf den einzelnen Ebenen abspielt – strahlende, reine Farben sind ein gutes Zeichen, schmutzige, fleckige Stellen mit beißenden Farbtönen oder unharmonischen Übergängen hingegen deuten auf Problemzonen.

Wer eine Aura klar erkennen kann, verfügt über privilegierte Erkenntnismöglichkeiten. Vielleicht entdecken Sie starke Kontraste und Extreme an Stärke und Verwundbarkeit. Zugleich gewinnen Sie tiefe Einsichten in die innerste Persönlichkeit eines Menschen, seine Gefühle, Gedanken und medialen Gaben.

Wenn Sie gerne malen, können Sie versuchen, Farbskizzen der Aura anzufertigen – das schärft die Beobachtungsgabe und verbessert die Genauigkeit. Wenn Sie mit der Aura heilen oder Energiearbeit leisten wollen, können Sie anhand Ihrer Skizzen die Stellen, an denen Sie Probleme entdeckt haben, noch einmal überprüfen.

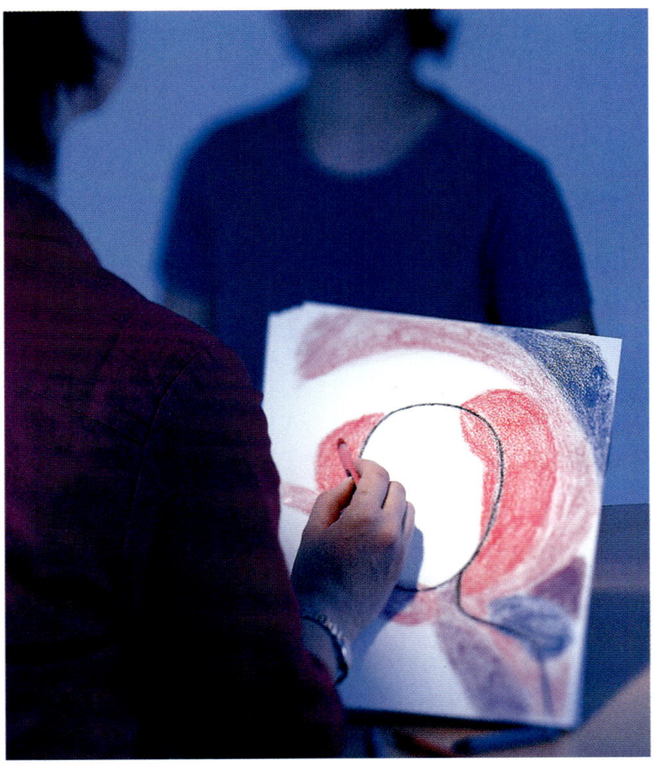

EIN AURA-PORTRAIT

Persönlichkeit, Gedanken, Gefühle, Schmerz, Glück, Stärke, Schwäche – all das zeigt sich in der Aura.

1 *Besorgen Sie sich mehrere Bögen cremefarbenen Papiers und Buntstifte. Bitten Sie einen Freund, vor einer weißen oder hellgrundigen Wand Platz zu nehmen. Entspannen Sie sich (Seite 23).*

2 *Betrachten Sie den Bereich um den Umriss Ihres Freundes. Richten Sie den Blick dabei halbfokussiert (Seite 41) auf die Wand hinter ihm.*

3 *Warten Sie, bis Sie die Umrisse des Energiefeldes Ihres Freundes sehen (oder spüren) können. Wenn Sie Farben sehen, bitten Sie Ihren Freund, seine Haltung zu verändern. Die Farben sollten ihm folgen.*

4 *Malen Sie nun die Aura. Schauen Sie immer wieder genau hin. Geben Sie exakt wieder, wo sich die Farben befinden und ob sie hell oder dunkel sind. Nutzen Sie die Erläuterungen zu den Farben auf den vorangegangenen Seiten als Interpretationshilfe. Verlassen Sie sich aber letztendlich immer auf Ihre Intuition.*

CHAKRA FARBEN

Jedem Chakra ist eine bestimmte Energie zugeordnet (Seite 28), und jede Energieart manifestiert sich in einer Farbe:

Rot *ist die Farbe des untersten oder des Wurzelchakra.*

Orange *ist die Farbe des Sakralchakra.*

Gelb *ist die Farbe des Solarplexuschakra.*

Grün *ist die Farbe des Herzchakra.*

Blau *ist die des Kehlkopfchakra.*

Indigo *die Farbe des Stirnchakra und*

Violett *ist die Farbe des Kronenchakra.*

Aus Intensität, Klarheit und Anteil jeder Farbe lässt sich, entsprechend der Bedeutung ihrer Energie, vieles herauslesen.

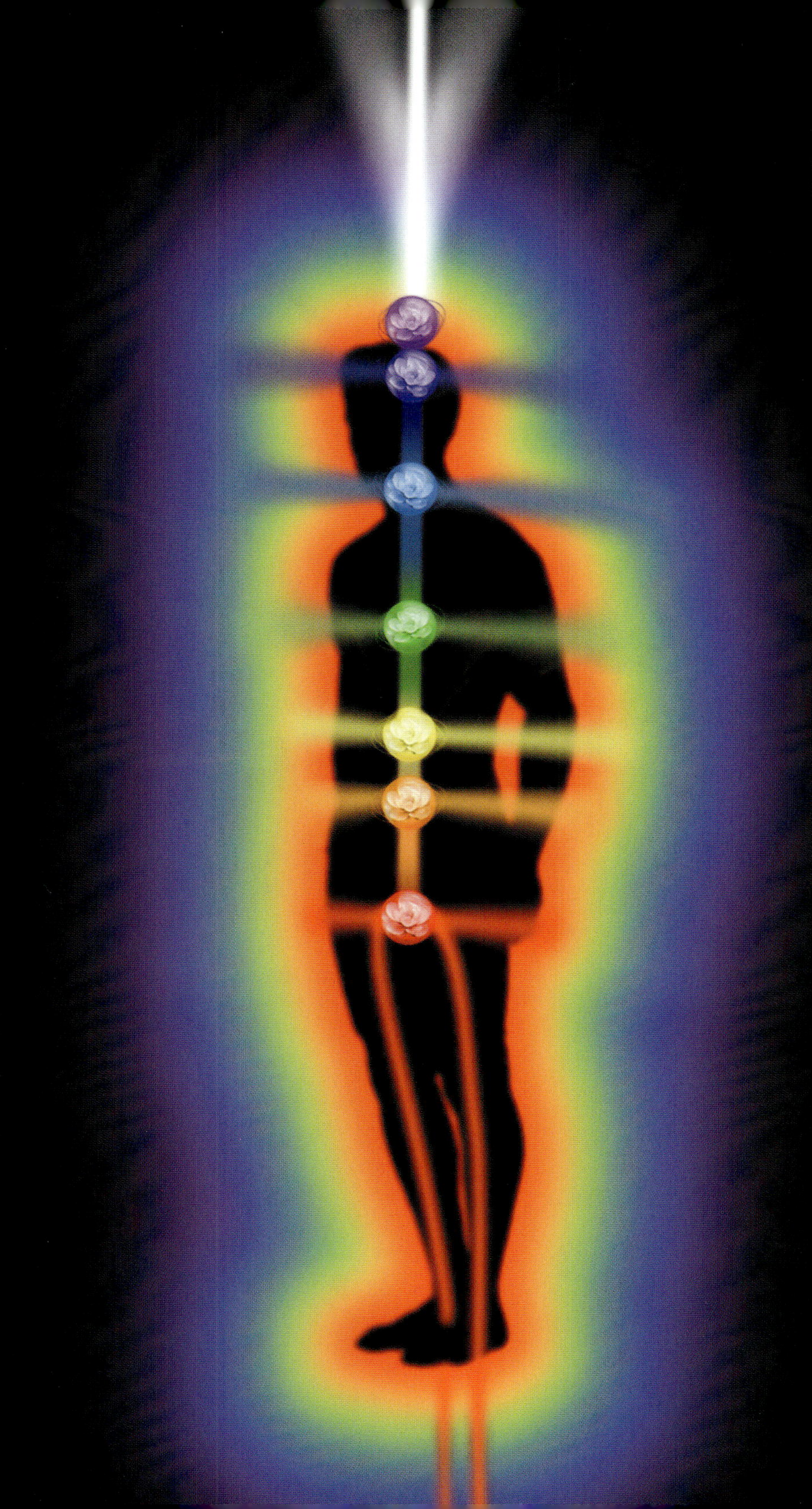

2

AUSSERSINNLICHE WAHRNEHMUNG

Können Sie Gedanken lesen?

Wissen Sie manchmal schon Sekunden bevor jemand den Mund auf macht, was er oder sie sagen wird? In diesem Fall, erleben Sie eine Form der Telepathie – die Fähigkeit des Gedankenlesens. Diese mediale Gabe ist äußerst nützlich; sie vermittelt Ihnen eine messerscharfe sensitive Wahrnehmung und einen Einblick in das, was andere wirklich denken. Sie sind in der Lage, verborgene Bedürfnisse mit zweifelsfreier Sicherheit zu deuten. Das ist immer nützlich, ob Sie nun herausfinden möchten, was Ihr Chef wirklich von Ihnen will, oder sich nicht erklären können, warum ein Freund plötzlich so reserviert ist. Die telepathischen Fähigkeiten sind heute gut erforscht; denn die Daten, die bei Experimenten mit dem Gedankenlesen gewonnen wurden, lassen sich mittels statistischer Wahrscheinlichkeitsrechnung überprüfen. Zur Verbesserung der telepathischen Fähigkeiten gibt es bewährte Techniken wie etwa das Senden und Empfangen einfacher Bilder (siehe unten) und andere, die Sie auf den folgenden Seiten finden.

Die klassische Methode für Tests zum Gedankenlesen entwickelte der Parapsychologe Karl Zener. Er entwarf eine Folge von fünf Karten mit einfachen Symbolen – Kreis, Quadrat, Kreuz, Stern und Wellenlinien. Sie wurden zu einem der wichtigsten Instrumente in der parapsychologischen Forschung. Die Karten kann man kaufen, aber auch leicht selbst herstellen: Besorgen Sie sich 25 Blankopostkarten, und zeichnen Sie auf je fünf Karten dasselbe Symbol. Ziehen Sie kräftige Linien, aber achten Sie darauf, dass das Motiv auf der Rückseite nicht durchschlägt.

DER ZENER-TEST

1 *Vereinbaren Sie mit einem Freund, wer von Ihnen der Sender, wer der Empfänger ist, und begeben Sie sich dann in verschiedene Zimmer. Sie sollten beide die Bilder kennen.*

2 *Der Sender mischt die 25 Karten, konzentriert sich dann drei Minuten lang auf ein Bild und »schickt« dieses dabei gedanklich dem Empfänger. Der Empfänger schreibt auf, welches Bild er »sieht« – meist das, was zuerst erscheint. Den nächsten »Sendevorgang« können Sie durch eine Glocke, Händeklatschen oder mit Hilfe eines Mobiltelefons ankündigen.*

3 *Wenn Sie mit den 25 Karten fertig sind, werten Sie das Ergebnis aus. Die Wahrscheinlichkeit, dass die richtige Antwort erraten wird, beträgt 20-25%. Eine beständige Quote von über 25% richtiger Antworten deutet auf ausgeprägte telepathische Fähigkeiten.*

4 *Schnell und leicht lässt sich der Test mit der Zener-Bildtafel auf der nächsten Seite durchführen. Vereinbaren Sie, in welcher Reihenfolge Sie vorgehen wollen – von rechts nach links oder von oben nach unten. Senden Sie dann in Gedanken die Bilder, wobei Sie sich wieder jeweils drei Minuten lang auf eines konzentrieren. Auch hier macht sich der Empfänger Notizen. Wie viele Treffer konnten Sie erzielen?*

Der nächste Schritt zur Verbesserung Ihrer telepathischen Fähigkeiten besteht in der Übermittlung zufälliger Bilder, die der Empfänger nicht kennt. Das ist schwieriger als die Arbeit mit den Zener-Karten (siehe vorherige Seiten), deren schlichte Motive Sender und Empfänger bekannt sind.

Ganz sicher ist es hilfreich, wenn Sie dem Menschen, mit dem Sie arbeiten, geistig und emotional nahe stehen. Wenn es obendrein jemand ist, mit dem Sie schon unwillkürlichen telepathischen Kontakt hatten, dann umso besser. Oft passiert das zwischen Verwandten: Insbesondere zwischen Zwillingen kann das geistige Band außergewöhnlich stark sein.

Die Übungen und Anleitungen auf diesen Seiten können Ihnen helfen, eine noch anspruchsvollere Stufe der telepathischen Übermittlung zu meistern. Seien Sie aufgeschlossen für jedes Zeichen, jeden Eindruck, den Sie empfangen, und erspüren Sie mit Ihrer Fantasie den Weg zum Bild.

UNBEKANNTE BILDER EMPFANGEN

Lassen Sie sich von einem guten Freund ein Bild übermitteln, das Sie noch nie gesehen haben.

1 *Ihr Freund sollte sich für die Übermittlung ein beliebiges Bild aussuchen, eine Postkarte oder ein Foto in einem Buch zum Beispiel. Für den Anfang wählt man am besten einfache, grafische Motive wie ein Tier, einen Baum usw.*

2 *Zum vereinbarten Zeitpunkt konzentriert sich Ihr Freund auf das Bild und »sendet« es Ihnen.*

3 *Bereiten Sie sich auf den Empfang des ankommenden Bildes vor, indem Sie sich mit Hilfe der auf Seite 23 beschriebenen Atemtechnik vollkommen entspannen.*

4 *Lassen Sie alle Empfindungen und Eindrücke zu. Nehmen Sie einfach wahr, was kommt, hinterfragen Sie nichts.*

5 *Kehren Sie danach wieder zu Ihrem normalen Bewusstseinszustand zurück. Zeichnen oder beschreiben Sie die Bilder, solange sie Ihnen noch frisch im Gedächtnis sind.*

Telepathie-Training

Lassen Sie nachträgliche Zweifel an den empfangenen Bildern nicht gelten.

Seien Sie so offen und unvoreingenommen wie möglich.

Überlegen Sie nicht, wie und weshalb der Sender seine Auswahl getroffen haben mag.

Wenn Bilder kommen, verwerfen Sie kein einziges als Ausgeburt Ihrer eigenen Phantasie.

Achten Sie besonders auf Gedanken und Bilder, die aus heiterem Himmel kommen – die einfach plötzlich da sind.

Notizen sollten so detailliert wie möglich sein, übertreiben Sie aber nicht, und dichten Sie keinesfalls etwas hinzu.

Lassen Sie sich nicht beirren, wenn Sie kein Bild empfangen haben oder kein Treffer dabei war. Versuchen Sie es einfach immer wieder, eines Tages klappt es schon – vielleicht sogar wesentlich schneller als Sie glauben.

Wechseln Sie sich gegenseitig als Sender und Empfänger ab.

WEGWEISER FÜR DIE WAHRNEHMUNG

Ein Bild kann einen Menschen, einen Gegenstand, einen Ort oder eine Situation wiedergeben. Ist es vor Ihrem inneren Auge entstanden, so suchen Sie charakteristische Merkmale und konzentrieren sich darauf.

Nehmen Sie eine Szenerie im Freien wahr?
Wie sieht sie aus? Blicken Sie zum Himmel? Sehen Sie einen Berg, einen Strand, das Meer – oder einen Ausschnitt eines Gartens? Was ist das wichtigste Element des Motivs? Ein Vogel, ein Flugzeug, ein Ballon, eine Statue? Sehen Sie einen großen Baum? Ein Segelboot? Oder einen Gartenstuhl?

Deutet das Bild vor Ihrem inneren Auge auf einen Menschen?
Nehmen Sie einen Mann oder eine Frau wahr? Erwachsener oder Kind? Tut der Mensch etwas? Steht oder sitzt er? Hat er etwas bei sich? Spielt er? Trägt er besondere Kleidung? Benutzt er Werkzeug oder Geräte?

Haben Sie den Eindruck, dass es sich um einen Gegenstand handelt?
Sind Sie in einem Büro oder im Krankenhaus? Oder in einem Zimmer bei jemandem zu Hause? Können Sie das zentrale Motiv der Szenerie erfassen? Ist es ein Objekt oder ein Möbelstück wie etwa ein Tisch, ein Stuhl, ein offener Kamin oder ein Sofa oder ein anderer Gegenstand, z.B. eine Obstschale, eine Blumenvase, ein gerahmtes Foto oder ein Geburtstagskuchen?

Können Sie einen unbekannten Ort sehen?

Während des Kalten Krieges kamen Gerüchte über eine neue Spionagetechnik im Umlauf. Mit Hilfe parapsychologischer Kenntnisse sollte die Fähigkeit entwickelt werden, aus der Ferne sehen zu können. Amerikanische Aufklärungsexperten bildeten einfache Soldaten in diesem so genannten Remote Viewing aus. Darunter versteht man die Fähigkeit, sich auf einen beliebigen Ort auf der Erde einstellen und nachsehen zu können, was dort los ist – so sollte es möglich sein, einen Blick in jedes Zimmer auf der ganzen Welt werfen zu können und nachzusehen, was dort vor sich geht. Per Remote Viewing kann man auch einen Menschen oder Gegenstand auffinden, der sich in einer gewissen Entfernung befindet. Remote Viewing funktioniert in etwa wie die Telepathie (Seite 52), mit dem Unterschied, dass die Information nicht durch einen anderen Menschen übermittelt, sondern ohne »Sender« aufgenommen wird.

Eine seltene Gabe

Der aufregendste Aspekt des Remote Viewing besteht darin, dass einem damit buchstäblich die ganze Welt offen steht, da man nun überallhin reisen kann, ohne einen Fuß vor die Tür setzen zu müssen. Dem Medium Ingo Swann wurden einmal telefonisch von einem Unbekannten Koordinaten in Längen- und Breitengrad übermittelt. Sofort erkannte er eine Felseninsel mit einigen Gebäuden, darunter auch ein orangefarbenes Bauwerk. Er beschrieb die Küstenform und andere Einzelheiten. Die geografischen Koordinaten entsprachen der Insel Kerguelen, wo die Franzosen eine Station zur Erforschung der oberen Atmosphäre betrieben. Swann wusste nichts von der Station, und doch war seine Beschreibung unheimlich akkurat.

In der Praxis kann Remote Viewing für alle Kreativen eine große Hilfe sein. Schriftsteller könnten so realistische Schilderungen der Schauplätze eines Romans verfassen, Maler und Bühnenbildner Orte darstellen, die zu besuchen sie nie die Zeit finden. Im Alltag wird man diese Fähigkeit wohl eher dazu verwenden, hin und wieder nach seinen Lieben zu sehen. So braucht man Verwandte und Freunde, die weit weg sind, nicht allein zu lassen. Insbesondere Eltern von Teenagern wüssten derlei Informationen über den Verbleib ihrer Kinder sicher zu schätzen. Respektieren Sie dabei aber immer die Privatsphäre der Beobachteten. Liebevolles Nachsehen ist erlaubt, obsessives Hinterherschnüffeln nicht.

Professionalitätstest

Insbesondere in den USA werden Menschen mit der Fähigkeit des Remote Viewing hin und wieder von der Polizei um Unterstützung bei der Suche nach Vermissten oder Beweisstücken gebeten. Bei einem Flugzeugabsturz über bergigem oder dicht bewaldetem Gelände zum Beispiel können sie sehr hilfreich sein.

Wissenschaftlich wird Remote Viewing folgendermaßen getestet: Eine neutrale Person wählt aus vielen hundert Fotos eines aus; dieses wird versteckt, und keiner der am Experiment Beteiligten bekommt es zu Gesicht. Jetzt wird der Kandidat gebeten, das Bild zu beschreiben. Eine unabhängige Jury beurteilt die Korrektheit der Beschreibung. Mit der Übung auf der nächsten Seite können Sie Ihre Fähigkeiten selbst testen.

REMOTE VIEWING ERLEBEN

Wählen Sie für Ihre ersten Versuche einen Ort, an dem Sie noch nie waren, den ein Freund aber kennt. Etwa eine frühere Wohnung, ein alter Arbeitsplatz oder ein Ferienort.

1 *Entspannen Sie sich, und schließen Sie die Augen, so dass Sie einen meditativen Zustand erreichen. Konzentrieren Sie sich auf Ihren Atem, und reisen Sie dann in der Phantasie an Ihren Zielort. Betreten Sie den Ort ganz langsam.*

2 *Schauen Sie sich gründlich um. Was sehen Sie? Beschreiben Sie Farben, Strukturen, Möbelstücke, Wände, Türen, Decken, Tiere, Menschen, und achten Sie besonders auf alles Ungewöhnliche, Seltsame, das Ihnen auffällt.*

3 *Wenn Sie genug gesehen haben, kehren Sie wieder in Ihren vertrauten Körper zurück.*

4 *Besprechen Sie mit Ihrem Freund, was Sie gesehen und ob Sie auch alles richtig erfasst haben. Ist er nicht da, machen Sie sich Notizen und sprechen Sie später darüber.*

Was Objekte uns sagen können

Kommt es vor, dass zum Beispiel ein bestimmter Ring immer wenn Sie ihn tragen, unerklärliche Gefühle in Ihnen auslöst oder dass Sie ein Kleidungsstück nicht mögen, weil von ihm etwas Eigenartiges ausgeht? In diesem Fall erleben Sie eine Form der Psychometrie. Darunter versteht man die Kunst, Energien unbelebter Objekte wahrnehmen zu können. Jeder Gegenstand, vom kleinen Schmuckstück bis zum wuchtigen Möbel, kann so »gelesen« werden. Alle Objekte haben ihr charakteristisches Energiefeld, und dieses Energiefeld nimmt die Schwingungen der Menschen und Orte auf, mit denen es in Verbindung steht. Selbst wenn etwas nur ganz kurz im Besitz eines bestimmten Menschen war, hat es bereits dessen Schwingung in sein Energiefeld aufgenommen.

In der Praxis lässt sich diese Fähigkeit zum Beispiel anwenden, um den rechtmäßigen Eigentümer einer Fundsache zu ermitteln. Auch in allen Heilberufen wäre sie nützlich, da Patienten häufig Informationen verschweigen, die ursächlich für ihre Beschwerden sind. Indem man Gegenstände aus dem Besitz eines Menschen liest, kann man etwas über ihn erfahren, ohne ihm zu nahe treten zu müssen.

Wie bei vielen medialen Fähigkeiten erschließt sich auch der Nutzen dieser Gabe nicht sofort, es sei denn um des Überraschungseffekts willen. Viele medial Begabte sind überzeugt, dass, was man über den sechsten Sinn erfährt, eine weitere Ebene und damit ein besseres Verständnis der Welt und dessen, was in ihr ist, erschließt. Wissen ist schließlich Macht.

OBJEKTENERGIEN LESEN

Bitten Sie den Menschen, für den Sie lesen sollen, um etwas, das ihm gehört. Ideal sind ein Ring oder eine Uhr, die lange getragen wurden.

1 *Halten Sie den Gegenstand locker in Ihren Händen, und richten Sie Ihre Gedanken (und damit Ihre Energie) darauf. Es kann die Konzentration verbessern, wenn Sie dabei die Augen schließen.*

2 *Visualisieren Sie einen Gedankenpfeil zu dem Gegenstand. Entspannen Sie sich dann sofort, und lassen Sie Eindrücke einströmen. Dabei nutzen Sie sowohl aktive wie rezeptive Energie. Für die mediale Arbeit werden immer beide benötigt.*

3 *Merken Sie sich exakt, was Sie empfangen, sei es nun ein Bild, ein Gefühl, ein Gedanke oder ein anderer Eindruck. Verwerfen Sie nichts; selbst das unscheinbarste Gefühl könnte ein Hinweis sein. Ebenso gut kann die Psychometrie starke körperliche Empfindungen auslösen, und das Objekt kann scheinbar heiß oder kalt werden.*

4 *Lassen Sie sich nicht davon beirren, dass diese Gedanken und Empfindungen nur »in Ihrem Kopf« existieren. Akzeptieren Sie einfach, dass alle Informationen durch Ihren Kopf wandern müssen. Auch wenn vertraute Bilder vor Ihrem inneren Auge auftauchen, heißt das nicht, dass sie unwichtig sind.*

5 *Sagen Sie Ihrem Gegenüber exakt, was Sie sehen, lassen Sie nichts weg und fügen Sie nichts hinzu. Messen Sie, was Sie sehen, auf keinen Fall an eigenen Urteilen und Erfahrungen.*

Insiderinformation PSYCHOMETRIE

Die allerersten Wahrnehmungen *sind Abbilder der Gedanken und Gefühle des Besitzers in den letzten 24 bis 48 Stunden.*

Feste Geisteshaltungen *und Gefühle oder stark emotional besetztes Handeln bleiben jahrelang in den Schwingungen eines Objekts erhalten. Flüchtige Gedanken, Gefühle und Handlungen hingegen erzeugen ähnliche, aber kurzlebige Energien.*

Wie viel man über frühere Besitzer sagen kann, *hängt von der Geschichte des Objekts ab. Handelt es sich um einen Gegenstand aus dem Besitz einer Tochter, deren Mutter vor 20 Jahren verstorben ist, wird nicht mehr viel über die Mutter zu erfahren sein. Geht der Tod der Mutter der Tochter jedoch noch immer sehr nahe, wird das Bild der früheren Besitzerin möglicherweise klarer.*

Spüren Sie mehr als andere?

Manche Menschen verfügen über die außergewöhnliche Gabe, Dinge spüren zu können, die außerhalb der normalen Wahrnehmbarkeit liegen. Man bezeichnet dies als Hellfühligkeit, eine Form der Intuition, die sich auf unendlich feine, subtile Energien bezieht und sie auf scheinbar unerklärliche Weise erfasst. Eine Möglichkeit, die eigene Sensitivität zu erhöhen, besteht darin, sich mit der heilsamen Energie der Pflanzen zu verbinden (siehe unten). Dabei kann Sie ein starkes Wohlgefühl durchströmen, was dazu führt, dass Sie nun selbst positive Energie auf die Pflanze ausstrahlen; es entsteht ein dynamischer Kreislauf der Heilwirkungen. Wenn Sie eine aktive mediale Beziehung zur Natur entwickeln können, werden alle Ihre Sinne wacher, und Sie können Informationen aufnehmen, von denen andere keine Ahnung haben.

VERBINDUNG ZUR NATUR

Alle Blumen, Pflanzen und Bäume erzeugen eine heilsame Energie, die wir als ihre »Schutzgeister« verstehen können. Mit dieser positiven Kraft können Sie sich verbinden: Besuchen Sie Ihren Lieblingsplatz in der Natur, und erspüren Sie, von welchem Baum, welcher Pflanze oder Blume Sie sich besonders angezogen fühlen.

1 *Setzen Sie sich unter oder so dicht neben Ihre Pflanze, dass Sie sich innerhalb ihrer Aura befinden.*

2 *Versetzen Sie sich in eine gelassene, meditative Stimmung, und konzentrieren Sie sich dann auf Ihren Atem (Seite 23). Wenn Sie vollkommen zentriert sind, richten Sie Ihren Atem ins Herzzentrum.*

3 *Öffnen Sie Ihr Herz im wahrsten Sinne des Wortes, und warten Sie. Die Naturenergien existieren auf einer anderen Ebene als unsere Energien; wenn Sie so etwas also zum ersten Mal versuchen, lassen Sie sich für die Einstimmung sehr viel Zeit.*

4 *Nehmen Sie die Energie der Pflanze auf, und bitten Sie ihren Schutzgeist rasch, mit Ihnen zu kommunizieren.*

5 *Der Geruchssinn ist ein guter Wegweiser zur Energie der Pflanze, achten Sie also auf alle Gerüche in Ihrer Nähe. Bei einer guten Verbindung können Sie eventuell den Atem des Geistes spüren. Er fühlt sich an, als würden Schmetterlingsflügel Sie streicheln.*

6 *Seien Sie offen für alle Eindrücke, die kommen möchten, und halten Sie das Privileg dieses Kontakts mit der Natur in Ehren.*

DIE SPRACHE DER BLUMEN VERSTEHEN

Die Verbindung mit dem »Geist« einer Pflanze kann Ihnen Erkenntnisse vermitteln, die über alles Gewöhnliche hinaus gehen, aber auch ein Blick auf Farbe, Form und Aufbau der Lieblingsblume verrät sehr viel über einen Menschen.

Primärfarbe oder Pastellton? *Die Farbnuance der Blüte kann viel über einen Menschen sagen. Strahlend gelbe Pflanzen etwa passen zu einem scharfen Verstand, rote Blumen zu feurigen Charakteren.*

Blüte dicht bei den Blättern oder nicht? *Ein großer Abstand zwischen Blüte und Blättern deutet auf Unabhängigkeit und/oder Ehrgeiz. Nähe signalisiert Abhängigkeit.*

Einzelne oder viele Blüten? *Ersteres spricht für einen mehr oder minder ausgeprägten Einzelgänger. Viele Blüten und Blätter pro Stiel deuten auf einen geselligen Menschen.*

Gerade, gewundene, lange oder kurze Stiele? *Die Stielform zeigt den Lebensweg. Ist sie gerade oder gewunden, lang oder kurz? Der untere Abschnitt gilt Vergangenheit oder Kindheit, der mittlere Gegenwart oder mittlerem Lebensalter und der obere der Zukunft oder dem Alter.*

Starke, gesunde Pflanze? *Hierin könnte sich der Charakter des Menschen spiegeln, der sich für diese Blume entschieden hat.*

Was Blumen sagen

Seit Hunderten von Jahren schon sind Blumen die Überbringer geheimer Botschaften – insbesondere zwischen Liebenden. Traditionellerweise kommt jeder Blume eine bestimmte Bedeutung zu. Weil Blumen Ihre Energie aufnehmen können, können Sie durch sie Ihre Gedanken und Gefühle zum Ausdruck bringen. Indem Sie sich mit einer Pflanze verbinden (Seite 58), können Sie sie zur Trägerin Ihrer Intention machen. Mit Ihrem Blumengeschenk übermitteln Sie dann zugleich eine verschlüsselte Botschaft. Zum Strauß oder Gesteck gebunden, wird aus den Synonymen der einzelnen Blumen ein lebender Brief. Wenn Sie also das nächste Mal einen Strauß oder auch nur eine einzelne Blume verschenken, überlegen Sie, was Sie damit sagen möchten, und beobachten Sie, ob der Empfänger die besondere Bedeutung Ihres Geschenks versteht. Damit Ihnen die Wahl leichter fällt, finden Sie hier eine Liste klassischer Bedeutungen.

Alpenveilchen
Gleichgültigkeit. »Deine Einwände lassen mich kalt.«

Anemone
Entfremdung. »Dein Charme bezaubert mich nicht mehr.«

Apfelblüten
Schönheit und Güte. »Du bist der Inbegriff der Schönheit.«

Arbutus (Erdbeerbaum)
Liebe. »Ich liebe nur dich.«

Aster
Bedenken. »Ich bedaure meine Unbeherrschtheit.«

Begonien
Warnung: »Wir werden beobachtet.«

Butterblume
Ausstrahlung. »Du besitzt goldene Schönheit.«

Chrysanthemen
Art der Beziehung
bronze: *Freundschaft*
rot: *erwiderte Liebe*
gelb: *Entmutigung*

Efeu
Bindung. »Ich fühle mich mit dir verbunden.«

Fingerhut
Seichte Gefühle. »Du bist nicht richtig verliebt.«

Flieder
Neues
rosa: *erste Liebe*
weiß: *Unschuld*

Fuchsie
Warnung: »Pass auf, Dein Freund meint es nicht ehrlich.«

Gänseblümchen
Zurückhaltung. »Ich werde dir bald antworten. Vielleicht kann es Liebe werden.«

Gardenie
Süße. »Du bist die reine Sinnenfreude.«

Geißblatt
Treuegelöbnis. »Mein Herz gehört dir.«

Geranie
Was ist los?
rosa: *Zweifel. »Was machst du da eigentlich?«*
rot: *Falschheit. »Ich traue dir nicht.«*
weiß: *Unentschlossenheit. »Ich hab mich noch nicht entschieden.«*

Ginster
Verehrung. »Ich bin dein treuer Bewunderer.«

Gladiole
Schmerz: »Deine Worte haben mir weh getan.«

Glockenblume
Morgen. »Treffen wir uns morgen Vormittag.«

Goldlack
Beständigkeit. »Ich bin dein bis ans Ende aller Tage.«

Hortensie
Unbeständigkeit. »Warum bist du so launisch?«

Hyazinthe
Ausdruck der Gefühle
blau: *Verehrung*
weiß: *Bewunderung*

Iris
Leidenschaft. »Ich hege leidenschaftliche Gefühle für dich.«

Jasmin
Eleganz. »Du hast einen erlesenen Geschmack in allen Dingen.«

Kaiserkrone
Zweifel. »Kann ich dir trauen?«

Kamelie
Schönheit. »Wie strahlend schön du bist.«

Kamille
Stärke. »Ich bewundere deinen Mut in der Krise.«

Kirschblüten
Mehren. »Auf das Reifen unserer Freundschaft.«

Kornblumen
Zerbrechlichkeit. »Deine Füße berühren kaum den Boden.«

Krokus
Freude an der Jugend. »Ich freue mich an deiner jugendlichen Frische.«

Lavendel
Zurückweisung. »Ich hab dich gern, aber ich liebe dich nicht.«

Lobelie
Negatives
blau: *Abneigung*
weiß: *Zurückweisung*

Löwenmäulchen
Zurückweisung. »Bitte belästige mich nicht länger.«

Löwenzahn
Absurdität. »Deine Erwartungen sind lächerlich.«

Magnolie
Kraft. »Lass dich nicht entmutigen. Bald wird es wieder besser.«

Maiglöckchen
Mädchenhafte Bescheidenheit. »Freundschaft ist schön.«

Mimose
Empfindsamkeit: »Du bist zu schroff.«

Mohn
Zurückhaltung
rot: *Mäßigung*
weiß: *Abwarten. »Ich bin noch unentschlossen.«*

Nachtkerze
Stille Verehrung: »Ich bin dein bescheidener Verehrer.«

Narzisse
Selbstverliebtheit. »Du liebst dich selbst am meisten.«

Nelken
Ausdruck der Gefühle
rosa: *Brauche Ermutigung.*
weiß: *Reine Zuneigung.*

Orangenblüten
Reinheit. »Du bist meine erste Liebe.«

Orchidee
Luxus. »Du verdienst allen Luxus, den ich dir zu Füßen legen kann.«

Osterglocke
Ablehnung. »Ich erwidere deine Zuneigung nicht.«

Päonie
Reue. »Ich bitte um Verzeihung.«

Petunie
Nähe. »Ich bin gern in deiner Nähe.«

Rose
Ausdruck der Liebe
rot: *Leidenschaftliche Liebe*
weiß: *Weigerung. »Ich liebe dich nicht.«*
gelb: *unerwiderte Zuneigung*

Rosmarin
Erinnerung: »Bitte behalte mich im Herzen.«

Schlüsselblume
Erwachende Liebe. »Vielleicht kann ich dich lieben.«

Schneeglöckchen
Erneute Zuwendung. »Ich kann dich einfach nicht vergessen.«

Schwarzdorn
Hindernisse. »Jemand tritt zwischen uns.«

Silberblatt
Offenheit. »Ich bin mir meiner Gefühle nicht sicher.«

Sonnenblume
Großspurigkeit. »Du bist einfach umwerfend.«

Sternhyazinthe
Beständigkeit. »Ich bin treu.«

Stiefmütterchen
Ich denke an dich
lila: *Erinnerung.*
weiß: *liebevolle Gedanken.*
gelb: *Gedenken.*

Tagetes
Unattraktivität
Zwergsorten: *Rüpelhaftigkeit*
Andere Sorten: *Eifersucht*

Tigerlilie
Leidenschaft. »Mein Liebe kennt keine Grenzen.«

Tulpe
Bekenntnis. »Dies ist das Unterpfand meiner Leidenschaft.«

Veilchen
Bescheidenheit. »Du bist bezaubernd unprätentiös.«

Vergissmeinnicht
Erinnerung. »Denk an mich, wenn ich weg bin.«

Weißdorn
Hoffung. »Ich will mich bemühen, deine Liebe zu gewinnen.«

Winde
Hartnäckigkeit. »Mich wirst du nie wieder los.«

Wissen Sie, was kommt?

Manche besitzen die verblüffende, geradezu unheimliche Fähigkeit, exakt vorherzusagen, was passieren wird; das Wissen um künftige Ereignisse trifft sie buchstäblich wie ein Blitz aus heiterem Himmel.

Dieses Vorauswissen, Präkognition genannt, äußert sich in einem deutlichen Gespür für das, was kommt. Oft ist dieses Gespür unspezifisch – eine prickelnde Vorahnung oder eine unangenehme Anspannung. Diese Gefühle entstehen, weil die Intuition bereits hellwach ist, noch bevor das Bewusstsein ins Spiel kommt. Deshalb ist es nicht schwierig, die Gabe der Präkognition zu entwickeln. Aus dem Fragebogen unten können Sie erkennen, ob Sie schon einmal zutreffende Vorahnungen gehabt haben. Das Ergebnis könnte Sie überraschen. Kreuzen Sie die Fragen an, die Sie mit Ja beantworten können.

Die Präkognition verbessern

Wer im Vorhinein Bescheid weiß, ist anderen immer um eine Nasenlänge voraus – ob im Umgang mit Menschen oder bei der Einschätzung einer Situation.

Ein Gespür für das, was kommt

Kreuzen Sie die Fragen an, die Sie mit Ja beantworten können. Addieren Sie zum Schluss die Zahl Ihrer Kreuze.

- ❏ Haben Sie schon einmal plötzlich eine herannahende Gefahr gespürt? Stellten sich Ihnen dabei die Nackenhaare auf?
- ❏ Konnte ein Brief Sie glücklich machen, noch bevor Sie den Inhalt kannten?
- ❏ Haben Sie schon einmal zufällig Gesprächsfetzen aufgeschnappt und dabei eine dunkle Vorahnung entwickelt, ohne den Hintergrund der Unterhaltung zu kennen?
- ❏ Hatten Sie schon einmal das unbestimmte Gefühl, dass etwas nicht stimmt, als ein Freund Ihnen von jemandem erzählte, dem er gerade begegnet war?
- ❏ Hatten Sie auf dem Weg zu einer Verabredung schon einmal das ungute Gefühl, dass Sie besser nicht hingehen sollten?
- ❏ Waren Sie sich nach einem Test schon einmal sicher, dass Sie bestanden hatten bzw. durchgefallen waren?
- ❏ Ist es Ihnen schon einmal passiert, dass Sie, als jemand im Gespräch einen künftigen Zeitpunkt erwähnte, das überwältigende Gefühl hatten, Sie würden zu der Zeit an einem ganz bestimmten Ort sein?
- ❏ Wussten Sie im Vorhinein, dass etwas geschehen würde, was später tatsächlich eintraf?
- ❏ Sagten Ihnen Ihre Eltern oder Freunde als Kind immer, welches der ideale Beruf für Sie wäre und »wussten« Sie dabei, dass Sie etwas ganz anderes machen würden?
- ❏ Haben Sie schon einmal ein Tombola-Los gekauft in der sicheren Gewissheit, dass Sie gewinnen würden?

Die Erfahrung, dass Sie Ihren Ahnungen und inneren Zeichen vertrauen können, gibt Ihrem Selbstbewusstsein einen deutlichen Schub.

Wie fördert man nun diese erstaunliche Fähigkeit? Erstens: Betrachten Sie das Gefühl, dass gleich etwas geschehen wird, immer als Aufforderung zur Wachsamkeit. Insbesondere wenn Sie eine Gefahr oder Bedrohung spüren, sollten Sie Ihrer Intuition vertrauen und dieses Gefühl keinesfalls ignorieren.

Sehr hilfreich ist es, diese Gefühle in Worte zu fassen und laut auszusprechen. Visualisieren Sie dann das Ergebnis in plastischen Details als sei es bereits eingetreten. Halten Sie das Bild in Ihrem medialen Tagebuch fest, sobald es Ihnen klar vor Augen steht. Erfassen Sie außerdem alle Ahnungen, die Sie zu Menschen oder Ereignissen befallen, und prüfen Sie später nach, ob sie richtig waren.

Auch Telepathie-Übungen (Seite 50) sind eine gute Methode zur Schärfung der Intuition. Schon bald können Sie auf Ihre innere Stimme hören, ohne dabei den Verstand abwerten zu müssen.

Wie viele Fragen haben Sie angekreuzt??

❑ **1–3**

Auch wenn Sie nur wenige Fragen mit Ja beantworten konnten, verfügen Sie über die Grundlagen der Präkognition.

❑ **4–6**

Vertrauen Sie Ihren Ahnungen und Gefühlen, Sie sind bereits überdurchschnittlich empfänglich für Informationen »aus heiterem Himmel«.

❑ **6–10**

Sie sollten über eine parapsychologische Ausbildung nachdenken, da Sie über außersinnliche Fähigkeiten verfügen, die erfolgreich ausgebaut werden könnten.

Das kollektive Unbewusste erkunden

Der Psychoanalytiker Carl Gustav Jung war überzeugt, dass die Verbindung zu kraftvollen universalen Bildern eine harmonische Beziehung zwischen dem inneren Selbst und dem Bewusstsein ermöglicht und zugleich den Menschen mit der kosmischen Welt in Einklang bringt. Dieser Zustand ist immer zutiefst heilsam, auch wenn man seine medialen Fähigkeiten nicht vervollkommnen möchte, sondern »nur« dauerhaft glücklicher und weiser werden möchte.

Jung stellte fest, dass in den Träumen und Wachphantasien seiner Patienten verschiedene mythische und archetypische Gestalten auftauchten. Zugleich wusste er, dass diese Gestalten in Mythen und Legenden auf der ganzen Welt erscheinen. Sie finden sich wieder in den Figuren der Großen Arkana des Tarots (Seite 84). Seiner Auffassung nach entstammen diese Archetypen einer riesigen »Datenbank« menschlichen Wissens, die er »das kollektive Unbewusste« nannte. Es ist eine sehr kraftvolle Quelle, da sie alle Menschen auf der ganzen Welt mit einander verbindet.

Jungs Erfahrungen bei der Arbeit mit diesen Bildern überzeugten ihn, dass Archetypen intuitive Erkenntnisse anstoßen können, die das rationale Denken übersteigen; dadurch wiederum können wir Motive und Verhalten anderer Menschen besser verstehen. Seine unten beschriebene Methode der »aktiven Imagination« stimuliert diesen kreativen Prozess.

EIN ARCHETYPISCHER SPAZIERGANG

Diese Phantasiereise ist ein gutes Beispiel für Jungs Methode. Allein unternommen, ist dieser Spaziergang durch archetypische Situationen und Erlebnisse ein äußerst effektives Mittel zur Förderung der intuitiven Kräfte. Wenn Sie ihn jedoch mit anderen unternehmen, können Sie danach Ihre Ergebnisse vergleichen. Lesen Sie auch die Interpretation der Bilder auf Seite 65. Außerdem ist es sinnvoll, dass Sie die Erlebnisse auf Ihrer Reise in Ihrem medialen Tagebuch festhalten.

1 *Begeben Sie sich in den tief entspannten meditativen Zustand (Seite 23), und stellen Sie sich vor, Sie seien gerade aufgewacht. Es ist ein wunderschöner, sonniger Morgen. Der ganze Tag steht Ihnen zur freien Verfügung. Plötzlich befinden Sie sich auf einem Weg.*

2 *Gehen Sie den Weg entlang, bis Sie an eine Wiese kommen. Gehen Sie ganz entspannt auf der Wiese umher. Spüren Sie das Gras unter Ihren Füßen und den Windhauch im Gesicht. Riechen, schauen und lauschen Sie.*

3 *Gehen Sie danach auf den Weg zurück, und wandern Sie weiter. Allmählich spüren Sie, dass der Weg steiler wird; er führt auf einen Berg. Wie fühlen Sie sich, wie empfinden Sie diese Wanderung? Verweilen Sie ein wenig auf dem Gipfel, und betrachten Sie die Landschaft unter sich.*

Bilder auf Ihrer Reise

Bilder in Visualisationen und Träumen sind Versuche unseres Unbewussten, sich verständlich auszudrücken. Sie wollen nicht in die Irre führen; oft ist die naheliegendste Bedeutung auch die zutreffendste, und eine archetypische Szene das Tor zu unserem Inneren.

Wiese *Sie steht für die Natur in ihren günstigen Aspekten, die positive, kreative Lebensgrundlage und das Leben des inneren Kindes.*

Wald *Die dicht stehenden Bäume zeigen unsere, dunkle, Angst einflößende Seite. Der Spaziergang im Wald versöhnt uns mit unseren schwierigen Aspekten.*

Berg *Hindernisse sind Herausforderungen, an den wir uns beweisen können. Wie wir aufsteigen, zeigt, wie wir Freiheit im Übersinnlichen gewinnen können.*

Kapelle *Sie symbolisiert die intimen Aspekte unserer Seele. Außerdem zeigt sie Möglichkeiten der medialen Transformation.*

4 *Auf dem Rückweg rücken die Bäume immer näher an die Straße heran und stehen dichter. Sie entdecken, dass Sie sich mitten im Wald befinden. Wie sieht er aus, und wie reagieren Sie darauf?*

5 *Nach einiger Zeit wird das Licht stärker und heller, und der Weg führt Sie aus dem Wald heraus. Weiter vorne sehen Sie ein Gebäude. Beim Näherkommen erkennen Sie, dass es eine Art Kapelle ist. Sie gehen hinein. Achten Sie auf Ihre Erlebnisse und Eindrücke in der Kapelle. Verlassen Sie die Kapelle wieder, wenn es Ihnen richtig erscheint.*

6 *Draußen scheint die Sonne, und Sie machen sich wieder auf den Weg nach Hause in Ihre eigene Welt. Was sehen Sie auf dem Weg? Und wie empfinden Sie sich selbst und Ihre Umgebung? Wie fühlen Sie sich, wenn Sie schließlich wieder zu Hause sind?*

Was Träume uns sagen können

Unsere Träume können ein erstaunlicher Fundus an Erkenntnissen über unsere innersten Gedanken und Gefühle sein. Schlafforscher wissen heute, dass Träume für unsere körperliche und seelische Ausgeglichenheit unerlässlich sind. Manche Träume spielen noch einmal die Ereignisse des vergangenen Tages nach oder setzen unsere Erwartungen an den nächsten Tag bildlich um. So sortiert und assimiliert unser Verstand Daten – ganz ähnlich der Dateiverwaltung im Computer. Forschungen wiesen nach, dass wir während des drei bis vier Mal pro Nacht auftretenden sogenannten REM-Schlafs (rapid eye movements, schnelle Augenbewegungen) am lebhaftesten träumen. Schlafentzug während der REM-Phasen schlägt sich körperlich nieder, weil regelmäßiger REM-Schlaf zur Erhaltung der Gesundheit notwendig ist. Außer ihrer Be-Deutung reduzieren Träume also auch Stress, räumen das Gehirn auf und sorgen für Gesundheit und innere Ruhe.

TRAUMTEMPEL

Alte Kulturen nutzten den Schlaf und die Traumdeutung zur Heilung. Sie erbauten Tempel mit heiligen Schlafkammern. Die Priesterinnen und Priester darin waren in der Traumdeutung geschult. Nach einem reinigenden Bad und der Salbung mit heiligen Ölen begaben sich die Patienten in die Traumkammern. Am nächsten Morgen analysierten und deuteten Priester oder Priesterin eingehend die Träume jedes Patienten. Das wurde so lange wiederholt, bis der Patient sich wieder gesund fühlte.

Tagebuchnotizen: Den inneren Blick entdecken

Ein Traumtagebuch vermittelt tiefe Einblicke in unser unbewusstes Leben. Legen Sie sich zu diesem Zweck Notizblock und Stift neben das Bett, und schreiben Sie Ihre wichtigen Träume auf.

- Wir können uns nicht an alle Träume erinnern; schreiben Sie aber alles auf, was noch in Ihrem Wachbewusstsein ist. Diese Träume werden zu einer »Datenbank« Ihrer inneren Welt.
- Schreiben Sie Ihren Traum gleich beim Aufwachen in Ihr Tagebuch. Konzentrieren Sie sich dabei auf die wichtigen Bilder. Wenn Menschen in Ihrem Traum aufgetaucht sind, die Sie kennen, überlegen Sie, was Sie mit diesen Menschen verbinden.
- Wenn Ihr Traumtagebuch sich füllt, können Sie Verbindungen unter den einzelnen Träumen erkennen – Träume wiederholen sich, oder es tauchen immer wieder dieselben Bilder, Farben und Symbole auf.
- Erstellen Sie regelmäßig eine Übersicht. Fassen Sie Träume nach Themen zusammen, und notieren Sie Gegenstand, Handlung, Orte, Farben und Bilder der Träume.
- Mit der Zeit werden Sie aus Ihren Träumen einen Sinn erkennen. Eine Freundin, die wegen ihrer Flugangst in Therapie war, hatte schreckliche Träume vom Fliegen. Mit fortschreitender Therapie wurden die Träume freundlicher bis das Fliegen schließlich Spaß machte.

Aspekte der Deutung

Hatten Sie schon einmal einen Traum, mit dem Sie gar nichts anfangen konnten? Was bedeutete er? Wenn Sie Fachleute fragen, werden Sie bald feststellen, dass es verschiedene Deutungsschulen gibt – woran erkennen Sie, welche für Sie die richtige ist? Wenn Sie zum Beispiel träumen, Sie ertränken im Meer …

Der Verhaltenstherapeut *könnte den Traum als Aspekt Ihrer Persönlichkeit deuten. Ertrinken könnte bedeuten, dass Sie sich überfordert fühlen – vielleicht »ertrinken« Sie zum Beispiel in Arbeit.*

Der Pragmatiker *fragt Sie, was Sie am Vorabend des Traums getan haben. Haben Sie einen Film über einen Schiffsuntergang gesehen? Dann ist es möglich, dass sich Ihnen ein lebhaftes Bild ins Gedächtnis gegraben hat.*

Der Freudianer *würde den Traum mit sexuellen Wünschen verbinden. Das Ertrinken steht dann symbolisch für überwältigende sexuelle Leidenschaft.*

Der Jungianer *betrachtet das Meer als Abbild des kollektiven Unbewussten. Ein Traum vom Ertrinken deutet darauf hin, dass Sie auf spiritueller Ebene mit der Welt verbunden sind.*

Wer hat recht? Verwerfen Sie eine Deutung nie unbedacht. Alle Methoden besitzen eine innere Logik, bleiben Sie also aufgeschlossen. Machen Sie Ihre Intuition zum Schiedsrichter über die wahre Bedeutung Ihres Traums. Wenn Sie die treffen, stellt sich das berühmte »Aha-Gefühl« ein.

Traumbedeutungen

Wahrscheinlich sind in Ihren Träumen bereits zukunftsweisende Symbole aufgetaucht. Vielleicht haben in Ihrer Familie bestimmte Bilder auch eine besondere Bedeutung. Träumt zum Beispiel jemand, dass ein Bild von der Wand fällt, bedeutet das bei Ihnen vielleicht, dass der Portraitierte bald von Zuhause weg geht, während es sonst als Vorankündigung eines nahen Todes gilt.

Manche Menschen träumen etwas, unmittelbar bevor es geschieht: So behaupteten viele, sie hätten die Ermordung von Präsident Kennedy zuvor in einem Traum »gesehen«. Es ist, als ob die Schockwellen eines traumatischen Ereignisses sich in der Zeit ausbreiteten und Einblick in die Zukunft gewährten. Das heißt aber nicht, dass jeder böse Traum wahr wird.

Deuten Sie Ihre Träume mit dem gesunden Menschenverstand. Einige hier aufgeführte Bedeutungen von Traumsymbolen mögen ungewohnt erscheinen, entsprechen jedoch den Erfahrungen medialer Deuter. Es sind aber immer nur Richtlinien. Achten Sie also etwa bei einer Straße darauf, wie sie aussieht: Ist sie offen, frei und gut befahrbar, so geht Ihr Leben ungehindert seinen Gang. Ist sie aber voller Hindernisse, werden Sie auf Schwierigkeiten stoßen. Wichtig ist auch der Gesamteindruck: Saubere, klare und helle Elemente bedeuten Positives, Schmutziges, Kaputtes oder Verfall hingegen sind negativ. Eine Datenbank mit vielen Traumsymbolen und deren Deutung finden Sie im Internet unter www.traumonline.de.

Adler *Erreichte Ziele*

Ameisen *Zunehmender Fleiß, Wohlstand und geschäftliches Wachstum*

Anker *Auflösung bestehender Sorgen*

Armbanduhr *Abhängigkeit*

Augen *Wunsch nach wahrer Liebe*

Baby *Neubeginn*

Bad
warm: *Scheitern durch Faulheit*
kalt: *Erfolg und Wohlstand*
leer: *Warnung vor einer Entscheidung aus Wut*

Bilder *Ein Abbild unserer selbst*

Blitz *Inspiration oder spirituelle Erkenntnis*

Blumen *Überraschung (einzelne Blumen siehe Seiten 80-81)*

Blut *Harte, aber lohnende Arbeit*

Boot *Wohnsitzwechsel oder Reise*

Brief *Ein Brief oder eine Nachricht müssen abgeschickt werden*

Brücke *Anzeichen für Veränderungen*

Buch *Entdeckungen*

Dolch *Zwietracht, Feindschaft*

Drache *Wohnsitzwechsel*

Eiche *Sehr gutes Vorzeichen. Ruhiges, sorgenfreies Leben*

Eier *Innovative Ideen*

Eis *Geschäftliches Scheitern oder Ende einer Liebesbeziehung*

Elefant *Neue einflussreiche Freunde*

Eltern *Freude*

Engel *Gutes Omen*

Essen *Zwietracht unter Freunden*

Eule *Weisheit*

Fenster *Versöhnung nach einem Streit*

Feuer *Bevorstehende Schwierigkeiten*

Fisch *Fruchtbarkeit*

Flugzeug *Ehrgeiz und Mut*

Garten *Glückliche Ehe*

Gefängnis *Freiheit*

Geld *Günstiges Omen, besonders in Gerichtsverfahren*

Gesicht *Spiegel unserer selbst*

Grab *Gesundheit für Kranke*

Gras *Erfolg und Fruchtbarkeit*

Haar *Gute Gesundheit*

Haus *Trautes Heim*

Höhle *Gerüchte*

Hügel *Realisieren von Zielen*

Käfig
voller Vögel: *gutes Zeichen*
leer: *durch Faulheit vertane Chance*

Kirche
von außen: *gutes Omen*
von innen: *bevorstehende Schwierigkeiten*

König *Hilfe durch einen reichen, mächtigen Freund*

Königin *Profit und Wohlstand nach harter Arbeit*

Kopf *Unglück*

Kreuz *Hart erarbeitete Freude und Triumph*

Krieg *Friede und Erfolg*

Krone *Ruhm und Ehre*

Leiter *Erfolg*

Löwe *Macht*

Mauer *Hindernisse und Gefahr*

Maus *Einmischung von außen, Mut beweisen müssen*

Medaille *Eigene Feigheit und Schwäche*

Meer
rau: *Unruhe*
ruhig: *Versöhnung zwischen zwei Freunden*

Messer *Krankheit, Geldverlust oder Streit mit Verwandten*

Mond *Glück in der Liebe*

Mund *Erwarteter Wohlstand*

Nest *häusliches Glück*

Nuss *Warnung vor Extravaganz*

Obst *Fülle*

Pferd *Wahre Freundschaft*

Pyramide *Sehr günstiges Omen*

Ratte *Heimliche mächtige Feinde*

Regen *Häuslicher Ärger*

Regenbogen *Gesundheit und Wohlstand*

Reise *Bevorstehende Reise*

Riese *Sehr gutes Omen*

Ring *Wichtige neue Freundschaft*

Schleier *Enthüllung eines Geheimnisses*

Schlüssel
einzelner: *Liebe*
mehrere: *Wohlstand ohne Zuneigung*

Schnee *Gute Nachrichten und Gewinn*

Schnitt im Finger *Kürzlich erlittener Schaden*

Schutzschild *Ehre und Ruhm*

Schwan *Glück und mediale Fähigkeiten*

Schwert *Unglückliche Situation, die Schaden bringen kann*

See *Wohlbefinden und Freiheit*

Skelett *Trost von unerwarteter Seite*

Sonne *Fortschritt und Erfolg*

Spinne *Glücklicher Ausgang eines Unfalls*

Springen *Überwindung von Hindernissen*

Steine *Verwandtenbesuch*

Straße *Die Lebensreise*

Tal *Begegnung mit einem alten Freund*

Tanz *Frohe Erwartung*

Taube *Friede und Wohlstand*

Teufel *Nahende Gefahr und Versuchung*

Tiere
Haustiere: *Glück*
Wildtiere: *Verrat und Grausamkeit*

Tiger *Warnung vor jemandem mit böser Absicht*

Tisch *Häusliches Glück*

Tod *Nachricht von einer Geburt*

Turm *Großer Gewinn oder Verlust*

Uhr *Geschäftliche Sorgen*

Unfall *Eine verworrene Situation erfordert Bedacht und Diskretion*

Uniform *Eine Reise voller Abenteuer*

Wald *Schatten und Ängste*

Wespe *Neider und Feinde*

Zähne *Vorzeichen großer Veränderungen, besonders wenn sie gezogen werden oder ausfallen*

Zoo *Vorteilhafter Arbeitsplatzwechsel*

Kann man Träume steuern?

Wenn Sie bei einem Problem nicht mehr weiter wissen, können Sie »darüber schlafen«. Diese Redensart veranschaulicht, wie sehr uralte Weisheiten Eingang gefunden haben in unsere Alltagssprache. Schon lange weiß man, dass die Antwort auf eine unlösbar scheinende Frage im Schlaf kommen kann. Eine Spielart davon ist das luzide Träumen. Dabei ist der Träumer sich völlig bewusst, dass er träumt, und kann den Traumverlauf absichtlich beeinflussen. So machen Sie aus einem aggressiven Rottweiler einen verschmusten Chihuahua.

Unter Naturvölkern galt das luzide Träumen als wichtiger Zugang zur Welt der Geister. Wer diesen Traumzustand erreichen konnte, wurde oft zum Schamamen gewählt.

In Schlaflabors entdeckte man mehrere Hinweise darauf, wann luzides Träumen auftritt. Oft wird der Träumer mitten im Traum luzide. Wenn etwas Außergewöhnliches geschieht, erkennt der Träumer mitunter, dass er träumt. Ein weiterer häufiger Auslöser ist der Wiedereintritt in den REM-Schlaf, nachdem man mitten aus einem lebhaften Traum geweckt wurde. Testpersonen signalisierten durch vorher vereinbarte Zeichen (z. B. Faustballen), wann sie luzide träumten.

TRAUMARBEIT

Der Schlaf kann Quelle verblüffender Inspiration sein – ein Durchbruch wird oft im Schlaf erzielt.

- *Von Tartini, einem italienischen Geiger des 18. Jahrhunderts, hieß es, er habe einen Pakt mit Satan geschlossen. Er träumte, der Teufel habe ihn besucht, und er habe ein Stück gespielt, »hinreißender als alles, was ich je gehört habe«. Am nächsten Morgen schrieb er seine Traumsonate auf und nannte sie den »Teufelstriller«.*
- *Robert Louis Stevenson erarbeitete sich seine Abenteuerromane buchstäblich im Schlaf durch eine Technik des luziden Träumens.*
- *Der Dichter Coleridge behauptete, sein Gedicht Kubla Khan sei »eine Vision in einem Traum.«*

DER TRAUMREGISSEUR

Wie lebhaft wir träumen und wie gut wir in der Lage sind, unsere Träume umzugestalten, ist individuell verschieden. Mit etwas Übung ist luzides Träumen erlernbar.

1 *Planen Sie bereits am Morgen einen Traum in möglichst ausdrucksvollen, farbigen Einzelheiten.*

2 *Wenden Sie sich während des Tages immer wieder in Gedanken Ihrer Traumgeschichte zu, und gehen Sie alle Details durch, bis der Handlungsablauf sich Ihrem Bewusstsein vollkommen eingeprägt hat.*

3 *Entspannen Sie sich vor dem Einschlafen, und spielen Sie den Traum gedanklich noch einmal durch. Sagen Sie sich mit voller Überzeugung, dass Sie bewusst träumen wollen.*

4 *Wenn Sie deshalb nicht einschlafen können, versuchen Sie es anders: Versetzen Sie sich beim ersten Aufwachen, noch halb schlummernd, bewusst in einen luziden Traum, und schlafen Sie wieder ein.*

Insiderinformation LUZIDES TRÄUMEN

Heben Sie Ihre Stimmung, und schnuppern Sie Abenteuerluft. *Zu den beliebtesten spielerischen Versuchen beim luziden Träumen gehört das Fliegen. Es vermittelt ein unvergessliches Gefühl der Gelöstheit, der Freiheit und des Vergnügens. Durch luzides Träumen kann man auch Alpträume vertreiben. Sie ändern einfach die Handlung Ihres Alptraums, stellen sich dem Erschreckenden und verwandeln es in etwas Harmloses. So kann man hervorragend Ängste überwinden und Selbstvertrauen aufbauen.*

Wenn Sie unentschlossen sind, *können Sie durch luzides Träumen leichter visualisieren, was Sie an einem neuen Arbeitsplatz, Urlaubsziel oder in einer neuen Wohnung erwartet. Sie können sich schon einmal probehalber am neuen Ort aufhalten und erspüren, ob Sie dort glücklich, ängstlich oder bedrückt sind.*

Die Folgen positiver Visualisation für Körper und Geist *sind gut erforscht. Durch luzides Träumen kann man Stress abbauen, Phobien überwinden und Trauer lösen, außerdem beschleunigt es körperliche Heilprozesse. Enthusiasten sehen bereits eine Möglichkeit, die neuromuskulären Funktionen bei Schlaganfallpatienten dadurch wiederherzustellen, dass man sie in luziden Träumen erleben lässt, wie sie sich wieder normal bewegen, gehen und sprechen können.*

Traumreisen in andere Welten

Menschen mit medialen Fähigkeiten können oft ihren Astralkörper sehr gut spüren, dieses unsichtbare, feine Gebilde, das als Brücke zwischen der physischen Welt und der Welt des Geistes dient. Im Wachzustand liegt der Astralkörper am physischen Körper an; beim Einschlafen aber löst sich der Astralkörper und entfernt sich zwischen zwei und fünf Zentimeter weit vom physischen Körper.

Im Schlaf kann der Astralkörper eines lebenden Menschen manchmal in die geistige Welt übertreten. Diese so genannten Astralträume sind geradezu übernatürlich real. Hier begegnen wir verstorbenen geliebten Menschen und empfinden sie ganz stark als körperlich anwesend. In diesem Träumen können wir buchstäblich hören, sehen, riechen und sogar schmecken. Beim Aufwachen fühlen wir uns meist zutiefst geborgen und erinnern uns deutlich an das Erlebte.

Insiderinformation ASTRALREISEN

Hier könnten Sie anderen Wesen begegnen. *Berichtet wurde von Begegnungen mit Weisheitslehrern. Diese Wesen können Ihnen tiefere Aspekte Ihres Lebens oder längst vergessene Weisheiten eröffnen.*

Auf der Astralebene ist alles anders; *die Energie folgt den Gedanken mit ungewöhnlicher Geschwindigkeit – man braucht nur an einen Ort zu denken, schon ist man da. Alle Bilder, die im Kopf entstehen, materialisieren sich sofort.*

Es kann Ihr Leben verändern. *Das Gefühl, sich außerhalb des eigenen Körpers zu befinden, erweitert Ihren Blickwinkel umfassend – es kann befreiend und beruhigend wirken und Ihre Sichtweise tiefgreifend verändern. Besuche in der Astralwelt während des Schlafs vermitteln einen ersten Eindruck von der Welt des Geistes und geben Gewissheit, dass das Leben weiter geht.*

ERSTE VERSUCHE MIT ASTRALREISEN

1 *Konzentrieren Sie sich im völlig entspannten Zustand (Seite 23) sorgfältig darauf, wohin Sie reisen und was Sie aus welchem Grund erreichen möchten. Sorgen Sie dafür, dass Sie ungestört sind, und schließen Sie die Tür. Außerdem brauchen Sie medialen Schutz vor dem Negativen. Rufen Sie deshalb einen Schutzgeist an, und bitten Sie ihn um Hilfe bei Ihrer Astralreise. Senden Sie die positive Botschaft aus, dass Ihre Reise dem Wohl aller dienen möge. Formulieren Sie Ihre Bitte klar und prägnant.*

2 *Schließen Sie die Augen, und konzentrieren Sie sich auf einen repetitiven Klang, ein Mantra, rhythmisches Trommeln oder Singen. Seien Sie entspannt, aber hellwach. Visualisieren Sie in einiger Entfernung eine Schwingtür, und drücken Sie sie auf. Die Tür symbolisiert das Tor des dritten Auges.*

3 *Wenn Sie »entkommen« können, sind Sie jetzt von goldenem Licht umgeben. Vorausgesetzt Sie sinken nicht in tiefen Schlaf, können Sie so einfach aus Ihrem Körper heraustreten als stiegen Sie aus dem Bett. Sie spüren, dass Ihr Geist wach ist, aber Ihr Körper schläft.*

4 *Folgen Sie auf der Astralebene Ihrem Geistführer. Die Eingewöhnung braucht ein wenig Zeit, lassen Sie also einfach zu, was geschieht.*

5 *Am Ende kehren Sie ganz von selbst wieder zu Ihrem normalen Bewusstseinszustand zurück. Halten Sie Ihre Reiseerlebnisse sofort in Ihrem Traumtagebuch fest.*

Das mediale Haustier

Haustiere besitzen oft die geradezu unheimliche Fähigkeit, Gedanken, Stimmungen und Verhalten Ihrer Besitzer vorherzusehen. Das bekannteste Beispiel ist der Familienhund, der schon mehrere Minuten bevor Herrchen oder Frauchen kommt, zur Haustür läuft und dort schwanzwedelnd auf sie oder ihn wartet. Und zwar auch dann, wenn die Besitzer absichtlich später oder früher nach Hause kommen, um die ASW-Fähigkeiten des Tieres zu testen. Auch Katzen haben ähnliche Begabungen, und viele Reiter sagen, dass ihr Pferd weiß, wann sie sich dem Stall nähern. Selbst Ziervögel hüpfen freudig im Käfig umher, bevor ihr Besitzer nach Hause kommt. Vielleicht hat Ihr Tier ähnliche Fähigkeiten; mit dem Test auf Seite 75 können Sie das herausfinden.

Außer potenziellen medialen Fähigkeiten haben Haustiere nachweislich gesundheitsfördernde Wirkung. Sie sind gute Therapeuten. Wer sich mit Menschen schwer tut, findet häufig engen Kontakt zu einem Tier. Ihre liebevolle, vorurteilsfreie Zuwendung hat etwas zutiefst Tröstliches.

Wer sich ein Tier hält, ist meist gesünder als Menschen ohne Haustiere. Herzpatienten leben länger, wenn sie ein Haustier haben, und hoher Blutdruck sinkt auf ein zuträglicheres Niveau. Durch die Beschäftigung mit einem Tier werden Stress und Ängste abgebaut. Deshalb haben viele Zahnärzte ein Aquarium im Wartezimmer.

Unglaubliche Reisen

In Zeiten zunehmender Mobilität halten es viele für besser, das Tier in liebevolle Hände zu geben als es immer wieder aus seiner gewohnten Umgebung heraus zu reißen. Die meisten Tiere akzeptieren das, manche aber haben ihren eigenen Kopf und legen auf der Suche nach ihren Besitzern Hunderte von Kilometern zurück.

So erging es auch einem Tierarzt aus New York, der im 3.000 Kilometer entfernten Kalifornien eine neue Stelle gefunden hatte. Als er seine Praxis an der Westküste eröffnete, wollte er seine Katze bei Freunden lassen. Sechs Monate später kreuzte sie bei ihm auf. Das Tier hatte ein unverwechselbares Kennzeichen – eine kleine Fehlbildung am Schwanz. Der Tierarzt sah nach – und sie war da. Er selbst hatte die Bissverletzung behandelt, als die Katze noch klein war.

Zwar weiß man immer noch nicht, wie Tiere ihre Besitzer so zielsicher finden können, aber manche Parapsychologen betrachten es als eine Form des Remote Viewing (Seite 54).

Die ASW-Werte bei Ihrem Haustier

- ❑ **1** Scheint es, als verstünde Ihr Haustier Ihre Stimmungen und Gefühle?
- ❑ **2** Ist es spurlos verschwunden, wenn Sie einen Termin beim Tierarzt vereinbart haben?
- ❑ **3** Starrte es schon einmal stundenlang auf eine Wand, als beobachte es etwas, was gar nicht da ist?
- ❑ **4** Jault es oder versteckt es sich während einer Séance oder anderen medialen Vorgängen?
- ❑ **5** Erwartet es Sie immer an der Tür, ganz gleich, wann Sie nach Hause kommen?
- ❑ **6** Ist es besonders liebevoll zu Ihnen, wenn Sie sich niedergeschlagen fühlen?
- ❑ **7** Stupst Ihr Haustier das Telefon mit der Schnauze, wenn jemand anruft, den es kennt?
- ❑ **8** Freut Ihr Hund sich bereits, wenn Sie nur daran denken, mit ihm spazieren zu gehen?

Wenn Sie folgende Fragen mit Ja beantwortet haben.

1 6 7
könnte Ihr Haustier Heilkräfte haben.

2 5 8
liegt die Begabung Ihres Tieres in der Telepathie.

3 4
spürt Ihr Haustier die Anwesenheit von Geistern.

3 DAS MEDIALE INSTRUMENTARIUM

Würden Sie Ihre große Liebe erkennen?

Astrologen glauben, dass die Sterne großen Einfluss auf unser Leben haben. Das entspricht auch dem Verständnis des medialen Menschen, wonach alle Materie energetisch verbunden ist. Womöglich haben Sie sich ja auf der Suche nach der großen Liebe mit Astrologie beschäftigt, um herauszufinden, welches Sternzeichen am besten zu Ihrem passt. Zwar kann man eine komplexe Beziehung nicht einfach in zwölf Kategorien gegenseitiger Anziehung und Harmonie einteilen, aber ganz ohne Aussagekraft ist der Tierkreis dennoch nicht. Er könnte sich als überraschend genauer Gradmesser der medialen Übereinstimmung erweisen.

Das Geburtshoroskop liefert den Schlüssel: Es definiert Ihre Persönlichkeit und verdeutlicht, welche anderen Eigenschaften die Ihren anziehen und ergänzen. Die Redensart »Männer sind vom Mars, Frauen von der Venus« ist astrologisch zutreffend; denn die Stellung dieser Planeten im Geburtshoroskop hat große Bedeutung für Ihr Liebesleben.

DER IDEALE PARTNER

Mars und Venus stehen im Geburtshoroskop in bestimmten Sternzeichen. Frauen sollten ihren Mars, Männer ihre Venus suchen. Sehen Sie in der Tabelle rechts nach, welche Eigenschaften für Männer und Frauen des entsprechenden Sternzeichens typisch sind. Jedes Zeichen wird einem Element zugeordnet: Erde, Feuer, Luft oder Wasser. Meist verstehen sich Menschen mit gleichen energetischen Einflüssen am besten, aber auch Gegensätze können harmonieren. So vertragen sich Luft- mit Feuerzeichen sowie wie Erde mit Wasser.

Erdzeichen

STIER
Berührungsbedürftig, sinnlich, loyal, gelassen, ungezwungen, geduldig, praktisch. Möchte eingeladen und gebaucht werden

JUNGFRAU
Zielsicher, geschickt, intelligent, sauber, kritisch, aufrichtig. Möchte wahrgenommen und respektiert werden und braucht Vertrauen.

STEINBOCK
Ehrgeizig, klug, verständnisvoll, verantwortungsbewusst, diszipliniert. Möchte respektiert werden und muss organisieren dürfen.

Feuerzeichen

WIDDER
Aktiv, energisch, unabhängig, tonangebend, ausdrucksstark, tatkräftig. Braucht Gelegenheit zur Selbstdarstellung und Unabhängigkeit.

LÖWE
Verspielt, kreativ, heiter, herzlich, leidenschaftlich. Verlangt Liebe und Wertschätzung.

SCHÜTZE
Abenteuerlustig, ehrlich, gebildet. Fordert Ehrlichkeit von anderen und greifbare Ergebnisse aus Abenteuern.

Luftzeichen

ZWILLINGE
Intellektuell neugierig, kommunikativ, leichtherzig, spontan, verspielt, schlagfertig. Möchte kommunizieren und als interessant gelten.

WAAGE
Charmant, diplomatisch, romantisch, höflich, rücksichtsvoll. Wünscht sich Romantik und liebevolle Rücksichtnahme.

WASSERMANN
Aufregend, individuell, rebellisch, freundlich, mitfühlend. Fordert die Freiheit, er oder sie selbst zu sein.

Wasserzeichen

KREBS
Fürsorglich, anhänglich, liebevoll, sensibel, behütend. Braucht intensive Zuwendung und Spielraum für seine Launen.

SKORPION
Leidenschaftlich, empfindsam, liebevoll, loyal, mitfühlend. Muss seinen Gefühlen freien Lauf lassen können.

FISCHE
Vertrauensvoll, intuitiv, sensibel, medial begabt, friedlich, phantasievoll. Brauchen gegenseitiges Vertrauen und Freiraum.

Insiderinformation GEBURTSHOROSKOP

Jedes Geburtshoroskop ist einzigartig *und bietet Informationen, die aus keiner anderen Quelle zu erhalten sind. So rasch es zu erstellen ist, so schwierig sind die komplexen energetischen Verflechtungen darin zu deuten. Wer sich ein Geburtshoroskop errechnen lassen will, braucht dazu Ort, Datum und Uhrzeit seiner Geburt.*

Zur Bestimmung des Einflusses von Venus oder Mars *(je nachdem ob Sie Frau oder Mann sind) braucht man zunächst die Position des Planeten im Geburtshoroskop. Unter den Stichworten zum entsprechenden Sternzeichen finden Sie die Eigenschaften, die Sie bei einem möglichen Partner suchen sollten. Wie war es in Ihren wichtigen Beziehungen? Verfügten die Partner, mit denen Sie am glücklichsten waren, über viele dieser Eigenschaften? Mangelte es in gescheiterten oder schwierigen Beziehungen gerade daran?*

Wichtig ist der Aszendent, das aufgehende Sternzeichen. *Es zeigt, wie wir uns nach außen darstellen. Schauen Sie deshalb bei Ihrem Partner auch auf den Aszendenten, weil der wesentlichen Einfluss auf ihn ausübt.*

Anziehung stellt sich nicht zwangsläufig ein. *Zwar ist das Sternzeichen, in dem Mars oder Venus stehen, ein guter Fingerzeig für eine glückliche Beziehung, es bedeutet aber nicht, dass Menschen dieses Zeichens am besten zu Ihnen passen, sondern besagt lediglich, dass die Eigenschaften dieses Zeichen vorhanden sein sollten.*

Die Weisheit des I Ging entschlüsseln

Das I Ging, ein profundes mediales Instrument, das schon seit über 3000 Jahren im Gebrauch ist, vermittelt die göttliche Weisheit der uralten Geister des Himmels und der Erde. Je intensiver Sie das I Ging zur Entwicklung Ihrer Intuition nutzen, desto mehr werden Sie seine tiefe Feinsinnigkeit zu schätzen wissen. Es kann Ihnen ungewöhnliche Einsichten vermitteln, nicht nur in komplexen Fragen des inneren Wachstums, sondern sogar in ganz alltäglichen Dingen.

Seine Botschaft vermittelt das I Ging in 64 Hexagrammen, Konfigurationen, die eine ganze Philosophie auf der Grundlage der chinesischen Theorie von Yin und Yang umfassen. Das Ziel des Lebens, so lehrt es, liegt im Erreichen und Bewahren des Gleichgewichts. Yin und Yang repräsentieren den Kern männlicher und weiblicher Prinzipien: die männliche oder aktive Yang-Energie lässt Ideen entstehen, verleiht Durchsetzungskraft und Initiative; die weibliche, rezeptive Yin-Energie befähigt zu Gelassenheit und Flexibilität.

HEXAGRAMME BILDEN

Konstruieren Sie Ihre Figur aus sechs Linien nach folgender Methode, und ermitteln Sie dann seine Bedeutung.

1 *Formulieren Sie in Gedanken eine klare Frage. Wenn Sie zum Beispiel mit Ihrem Arbeitsplatz unzufrieden sind, könnten Sie fragen, ob er dennoch der richtige ist oder ob Sie wechseln sollen. Setzen Sie sich dazu an einen Tisch, und halten Sie Notizbuch und Stift bereit.*

2 *Verwenden Sie drei Münzen ähnlicher Größe und ähnlichen Gewichts mit klar erkennbarer Kopf- und Zahlseite. Kopf steht für Yang oder die durchgezogene Linie (—), Zahl für Yin oder die unterbrochene Linie (- -).*

3 *Konzentrieren Sie sich auf Ihre Frage, und werfen Sie die Münzen sechs Mal hintereinander. Überwiegend Kopf ergibt eine Yang-Linie, überwiegend Zahl eine Yin-Linie.*

4 *Wiederholen Sie den Vorgang, bis Sie sechs Linien haben. Zeichnen Sie die Linien von unten nach oben auf. Das ist Ihr Hexagramm, die Antwort des I Ging auf Ihre Frage.*

5 *Schlagen Sie Ihr Hexagramm und seine Bedeutung auf den folgenden Seiten nach, und halten Sie Fragen und Antworten in Ihrem medialen Tagebuch fest.*

6 *Haben Sie auf die Frage, ob Sie den Arbeitsplatz wechseln sollten, 63 Nach der Vollendung oder 5 Das Warten erhalten, so ist Ersteres befürwortend, Letzteres ablehnend zu verstehen. Andere Antworten, etwa 50 Der Tiegel, sind weniger eindeutig. Ihre Intuition wird Ihnen helfen, die angegebene Bedeutung mit Ihren eigenen Gedanken und Empfindungen zu vereinbaren.*

1 Das Schöpferische *Viele Hindernisse stellen sich Ihnen in den Weg. Überwinden Sie sie, aber durch Überzeugung, nicht durch Zwang.*

2 Das Empfangende *Schließen Sie sich mit anderen zusammen, ohne jedoch der Verantwortung auszuweichen. Akzeptieren und schätzen Sie alles, damit es wachsen kann.*

3 Die Anfangsschwierigkeit *Die Dinge entwickeln sich. Allem Neuen geht das Chaos voran. Neue Ideen zeichnen sich ab.*

4 Die Jugendtorheit *Noch ist Ihr Verständnis gering und getrübt durch jugendlichen Übermut. Warten und lernen Sie.*

5 Das überlegte Warten *Zeit abwarten – es könnte Gefahr drohen. Handeln Sie mit Bedacht, besonders in der Liebe. Achten Sie auf den rechten Zeitpunkt.*

6 Der Streit *Die Zeiten sind nicht harmonisch, sondern voller konträrer Menschen und Vorstellungen. Schließen Sie Kompromisse, wo nötig.*

7 Das Heer *Zeit, Ihre Angelegenheiten zu ordnen. Suchen Sie Menschen mit Erfahrung und Autorität.*

8 Das Zusammenhalten *Gegenseitige Unterstützung. Geben Sie altes Denken auf, und ordnen Sie Ihre Angelegenheiten neu. Es ist Zeit für Veränderungen.*

9 Des Kleinen Zähmungskraft *Stellen Sie sich auf alles ein, was kommt. Denken Sie in größeren Zeiträumen. Seien Sie flexibel und anpassungsfähig.*

10 Das Auftreten *Finden und gehen Sie Ihren eigenen Weg. Beweisen Sie Durchhaltevermögen in Ihrem Bemühen, etwas zu ändern.*

11 Der Friede *Große Fülle und Harmonie. Bleiben Sie entschlossen, doch anpassungsfähig.*

12 Die Stockung *Blockierte Kommunikation und Hindernisse. Stagnation. Sackgasse und Zeit der Isolation. Es ist nicht Ihre Schuld.*

13 Gemeinschaft mit Menschen *Gemeinsamkeit und Zusammenarbeit mit Menschen gleicher politischer oder privater Interessen.*

14 Der Besitz von Großem *Sie haben die Kraft zum Erfolg. Konzentrieren Sie sich auf Ihre innere Kraft, um Freude zu schaffen.*

15 Die Bescheidenheit *Verzichten Sie auf Stolz und Arroganz. Reden und handeln Sie einfach. Mit einer geringeren Position Vorlieb zu nehmen, kann Erfolg bringen.*

16 Die Begeisterung *Halten Sie sich bereit. Bauen Sie Kraft und Reserven auf, damit Sie darauf vorbereitet sind, was die Zukunft Ihnen bringen mag.*

17 Die Nachfolge *Folgen Sie dem Gang der Dinge. Lassen Sie sich vom Lauf des Lebens führen. Alles hat seine Zeit.*

18 Die Arbeit am Verdorbenen *Verfall und heimliches Gift. Schlamperei, Faulheit und Schwäche sind zu bekämpfen. Bereiten Sie sich auf Veränderungen vor.*

19 Die Annäherung *Eine Situation bildet und entwickelt sich. Möglicherweise Beförderung oder Aufstieg.*

20 Die Betrachtung *Erkennen Sie die wahre Motivation bei anderen, und zeigen Sie Ihre eigene. Kontemplieren Sie – warten Sie, bis die Dinge sich abzeichnen.*

21 Das Durchbeißen *Gehen Sie Ihre Probleme an. Seien Sie hartnäckig. Sie wissen, dass Sie die richtige Entscheidung getroffen haben – bleiben Sie dabei!*

22 Die Anmut *Zeigen Sie Ihr wahres Selbst. Alles Äußere ist vergänglich und bloße Illusion.*

23 Die Zersplitterung *Zerreißen Sie alte und verwerfen Sie ungeeignete Vorstellungen. Eine unvermeidliche Zeit von Zusammenbruch, Unglück und Zerstörung.*

24 Die Wiederkehr *Erneuerung, Wiedergeburt und neue Hoffnung. Rühren Sie die Dinge auf, und arbeiten Sie mit dieser Energie. Beginn einer neuen Zeit.*

25 Die Unschuld *Lösen Sie sich aus der Verwirrung, handeln Sie spontan und ohne Hintergedanken. Vertrauen Sie Ihrem Instinkt, und folgen Sie Ihrem Gewissen.*

26 Des Großen Zähmungskraft *Richten Sie Ihr Denken auf das Höchste. Es ist die Zeit großer Anstrengungen und Erfolge. Lernen Sie aus der Erfahrung.*

27 Die Ernährung *Nähren Sie sowohl den irdischen als auch den geistigen Körper, damit es Ihnen in jeder Hinsicht gut geht.*

28 Des Großen Übergewicht *Halten Sie an Ihren Idealen fest. Ein Plan bringt Gewinn und Erkenntnis. Scheuen Sie auch den Alleingang nicht.*

29 Das Abgründige *Unvermeidliche Gefahr. Wagen Sie den Sprung, und stellen Sie sich Ihrer Angst. Jetzt sind Zielstrebigkeit und Risikobereitschaft gefragt.*

30 Das Haftende *Licht, Wärme und erweitertes Bewusstsein. Verbinden Sie hohe Werte und edle Prinzipien mit Intellekt, Logik und guten, vernünftigen Vorstellungen.*

31 Die Anziehung *Anregung und Erregung. Die ideale Zeit zum Heiraten. Akzeptieren Sie das Weibliche, und beugen Sie sich ihm. Yin bringt Geburt und Erneuerung.*

32 Die Dauer *Ausdauer formt eine starke Persönlichkeit. Ihre Ziele erreichen Sie durch langfristiges Handeln.*

33 Der Rückzug *Ziehen Sie sich zurück, und schotten Sie sich ab. Klären Sie eine Angelegenheit aus der Distanz – die näheren Umstände sind ungünstig.*

34 Des Großen Macht *Macht muss sanft und maßvoll ausgeübt werden. Verzichten Sie auf jede Gewalt.*

35 Der Fortschritt *Fortschritte in einer sich wandelnden Situation. Sehen Sie sich mit anderen Augen.*

36 Die Verfinsterung des Lichts *Wappnen Sie sich, und übernehmen Sie eine schwere Aufgabe. Konflikten muss man sich stellen, auch wenn man sie nicht lösen kann.*

37 Die Familie *Sorgen Sie nach Kräften für Ihre Familie. Daraus erwächst Erleuchtung. Drücken Sie sich im Umgang mit Ihren Verwandten klar aus.*

38 Der Gegensatz *Bemühen Sie sich, Konflikte zu beseitigen. Meiden Sie Menschen und Situationen, in denen Gegensätze aufeinander prallen.*

39 Das Hemmnis *Stellen Sie sich den Hindernissen. Sie zeigen Ihnen, wo es langgeht, so dass Sie sich weiterentwickeln und sorgenfrei leben können.*

40 Die Befreiung *Räumen Sie Schwierigkeiten aus dem Weg, indem Sie jedes Problem einzeln entwirren. Das bringt Erleichterung oder Befreiung.*

41 Die Minderung *Es zeigt sich, dass Opfer gebracht werden müssen. Zeigen Sie Zurückhaltung, und wirken Sie beruhigend und mäßigend.*

42 Die Mehrung *Eine lohnende Situation der Überfülle und der grenzenlosen Möglichkeiten. Uneingeschränktes Wachstum.*

43 Der Durchbruch *Begegnen Sie der Unordnung zügig und entschlossen, aber ohne Gefühlsausbrüche. Zeigen Sie sich bestimmt, anpassungsfähig und freundlich.*

44 Das Entgegenkommen *Der öffnende Einfluss des Yin. Sexuelle Begegnung und Heirat. Wahre Eintracht erwächst nur aus gesellschaftlichen Regeln und Prinzipien.*

45 Die Sammlung *Eine große Gruppe von Menschen mit demselben Ziel und derselben Motivation kann zusammenarbeiten, muss aber organisiert werden.*

46 Das Empordringen *Erklimmen Sie durch eigenes Bemühen eine höhere Stufe. Schaffen Sie das Große durch Anhäufen vieler kleiner Dinge.*

47 Die Bedrängnis *Sie sind ausgeschlossen. Der Augenblick der Wahrheit ist gekommen. Suchen Sie bei sich selbst nach Möglichkeiten, das Gespräch zu beginnen.*

48 Der Brunnen *Suchen Sie den Kontakt zu anderen. Allen steht eine Situation mit schier unerschöpflichen Ressourcen und Möglichkeiten offen.*

49 Die Umwälzung *In einem natürlichen Prozess ist eine weitere Schicht oder Fassade gefallen. Verbesserungen bringt jetzt nur noch eine Revolution.*

50 Der Tiegel *Entdecken Sie, was in Ihnen steckt und wie es richtig zur spirituellen und materiellen Transformation genutzt wird. Üben Sie den freien Willen.*

51 Das Erregende *Wachen Sie auf! Fangen Sie noch einmal von vorne an. Der Frühling ist da! Seine Stürme reinigen die Luft und ermöglichen den Neuanfang.*

52 Das Stillehalten *Die Ruhe des Berges. Gewinnen Sie Stabilität durch Aufgabe Ihrer Sehnsüchte, Ängste, Spekulationen und Phantasien.*

53 Die Entwicklung *Fortschritt vollzieht sich allmählich. Lernen Sie deshalb, Schritt für Schritt und ohne Furcht voranzuschreiten.*

54 Das heiratende Mädchen *Erkennen Sie Ihre verborgene Fähigkeit zu Leidenschaft oder Verlangen. Heirat einer jüngeren Schwester oder Tochter.*

55 Die Fülle *Eine Zeit des Überflusses, der Fülle und der Großzügigkeit. Machen Sie sparsam davon Gebrauch, damit sie lange währt.*

56 Der Wanderer *Weites Entfernen von Zuhause. Eine unruhige Situation mit unsicherem Ausgang, die aber auch zu wunderbaren Ergebnissen führen kann.*

57 Das Sanfte, der Wind *Seien Sie feinsinnig und flexibel. Passen Sie sich an. Erzwingen Sie nichts, aber verlieren Sie auch Ihr Ziel nicht aus den Augen.*

58 Das Heitere, der See *Humor und eine positive Haltung verschönern das Leben. Drücken Sie in Kommunikation und Selbstdarstellung Anteilnahme aus.*

59 Die Auflösung *Machen Sie sich startklar! Jetzt ist die Zeit gekommen, Neues anzupacken oder ein Unternehmen zu gründen. Bleiben Sie aber flexibel.*

60 Die Beschränkung *Lernen Sie, sich auf dem goldenen Mittelweg zu bewegen, damit Ihr Leben in ruhigen Bahnen läuft. Halten Sie sich jetzt an die Regeln.*

61 Die innere Wahrheit *Dies ist die Kraft des freien Herzens ohne Vorurteile oder Wertungen. Die innere Wahrheit ist immer in Ihnen – Sie müssen nur zuhören.*

62 Des Kleinen Übergewicht *Zeit eines plötzlichen Übergangs, der zum Triumph der Seele führt. Was Sie aus dieser Situation heraus tun, ist immer das Richtige.*

63 Nach der Vollendung *Alles wartet auf Ihren Einsatz. Seien Sie stets wachsam, und achten Sie auch auf Kleinigkeiten, damit Sie keine Fehler machen.*

64 Vor der Vollendung *Eine wichtige Veränderung naht. Sammeln Sie Kraft für den rechten Augenblick. Bleiben Sie objektiv, und meiden Sie blinde Begeisterung.*

Tarotdeutung

Das Tarot erschließt uns eine kleine, rätselhafte Welt voller schicksalhafter Symbole von großer Bedeutung. Der Deuter legt die Karten in verschiedenen Kombinationen aus und liest daraus Vergangenheit, Gegenwart und Zukunft. Ein Deck hat 78 Karten. 56 davon sind die so genannten Kleinen Arkana; sie ähneln gewöhnlichen Spielkarten und bestehen aus den vier Sätzen sowie den Hofkarten. Die 22 übrigen Karten sind die Großen Arkana; sie zeigen archetypische Bilder, die verschiedene Stufen des spirituellen Wachstums darstellen.

Am besten kommen Sie mit dem Tarot zurecht, wenn Sie sich die Zeit nehmen, verschiedene Decks in Ruhe zu betrachten und Ihre Intuition entscheiden lassen, welches das Richtige für Sie ist. Außerdem gibt es umfangreiche Literatur mit Deutungen der Karten. Wieder werden Sie schnell spüren, welche Ihrem eigenen Empfinden entsprechen (was nicht verwundert, denn die Tarotsymbole sind mit dem kollektiven Unbewussten verbunden, siehe Seite 64).Verlassen Sie sich immer auf Ihr eigenes Gefühl, auch wenn es der offiziellen Interpretation widerspricht; denn hier zeigt sich Ihre Intuition.

DIE KARTEN DER KLEINEN ARKANA

Ob Sie das Tarot nun für sich oder jemand anderen deuten, der »Empfänger« wird immer »der Fragende« genannt. Nehmen Sie sich viel Zeit für das Studium der Karten und ihres Assoziationsgeflechts. Meditieren Sie über jede Karte, und legen Sie am Anfang nur einfache Bilder (siehe rechts). Lassen Sie beim Deuten Ihre Intuition vom Zusammenspiel der Bilder leiten. Greifen Sie aber nie in heftiger Wut oder Angst zum Tarot, Ihre negativen Schwingungen führen mit großer Sicherheit zu einer falschen Deutung.

Kelche

THEMEN *Gefühle und Liebesdinge*

ZEIT *Frühling/Tage*

ELEMENT *Wasser*

KÖNIG, KÖNIGIN, RITTER UND BUBE DER KELCHE
Diese Karten stehen für einen blonden, warmherzigen Menschen mit guten Absichten. Vielleicht der Mann oder die Frau, den oder die der Fragende liebt.

STERNZEICHEN
Krebs, Skorpion oder Fische

Schwerter

THEMEN *Krankheit oder Schwierigkeiten*

ZEIT *Sommer/Monate*

Element *Luft*

KÖNIG, KÖNIGIN, RITTER UND BUBE DER SCHWERTER
Diese Karten stehen für einen dunklen Typ, der Macht über Menschen hat, sie möglicherweise auch manipuliert und nicht immer ehrlich ist.

STERNZEICHEN
Zwillinge, Waage oder Wassermann

Stäbe

THEMEN *Familie und Geschäftliches*

ZEIT *Herbst/Wochen*

ELEMENT *Feuer*

KÖNIG, KÖNIGIN, RITTER UND BUBE DER STÄBE
Diese Karten bezeichnen einen hellhaarigen, freundlichen, sympathischen Menschen mit Familiensinn, der Ihnen helfen kann.

STERNZEICHEN
Widder, Löwe oder Schütze

Münzen

THEMEN *Geld oder Materielles*

ZEIT *Winter/Jahre*

ELEMENT *Erde*

KÖNIG, KÖNIGIN, RITTER UND BUBE DER MÜNZEN
Sie deuten auf einen wohlhabenden Menschen mit dunklem Haar und dunklen Augen, der dem Fragenden materiell helfen kann.

STERNZEICHEN
Stier, Jungfrau oder Steinbock

EINFACHE LEGEMETHODE

1 *Verwenden Sie nur die Kleinen Arkana, und wählen Sie eine Hofkarte für den Fragenden. Eine blonde Frau mit Wasser-Sternzeichen würde zum Beispiel die Königin der Kelche wählen. Dieser Signifikator wird in die Mitte gelegt.*

2 *Der Fragende mischt die Karten und zieht dann mit der linken Hand. Sieben Karten werden von links nach rechts ausgelegt, die vierte Karte quer über den Signifikator.*

3 *Die ersten drei Karten gelten der Vergangenheit, die vierte über dem Signifikator gilt der momentanen Situation, die letzten drei bezeichnen das Ergebnis und mögliche Entwicklungen.*

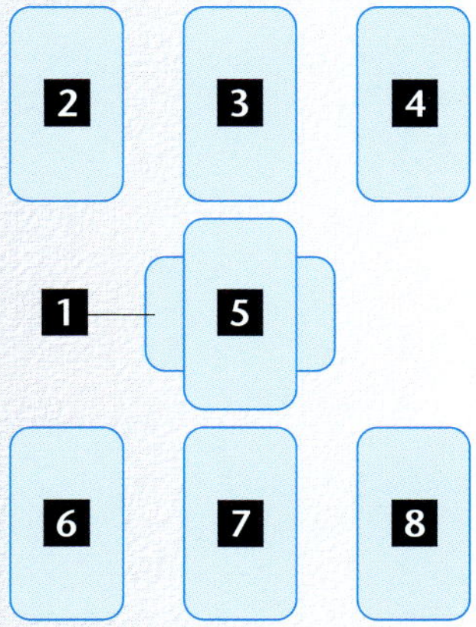

In einem nächsten Schritt können Sie nun die 22 Großen Arkana in Ihre Legebilder mit einbeziehen. Man sagt, sie enthalten in verschlüsselter Form eine okkulte Weisheit, die über 3.000 Jahre bis zu den geheimen Ritualen der altägyptischen Priester zurückreicht. Die Bilder der Großen Arkana sind »Archetypen« (Seite 64); sie helfen Ihnen, die tiefere Bedeutung der Ereignisse und Menschen in Ihrem Leben zu verstehen.

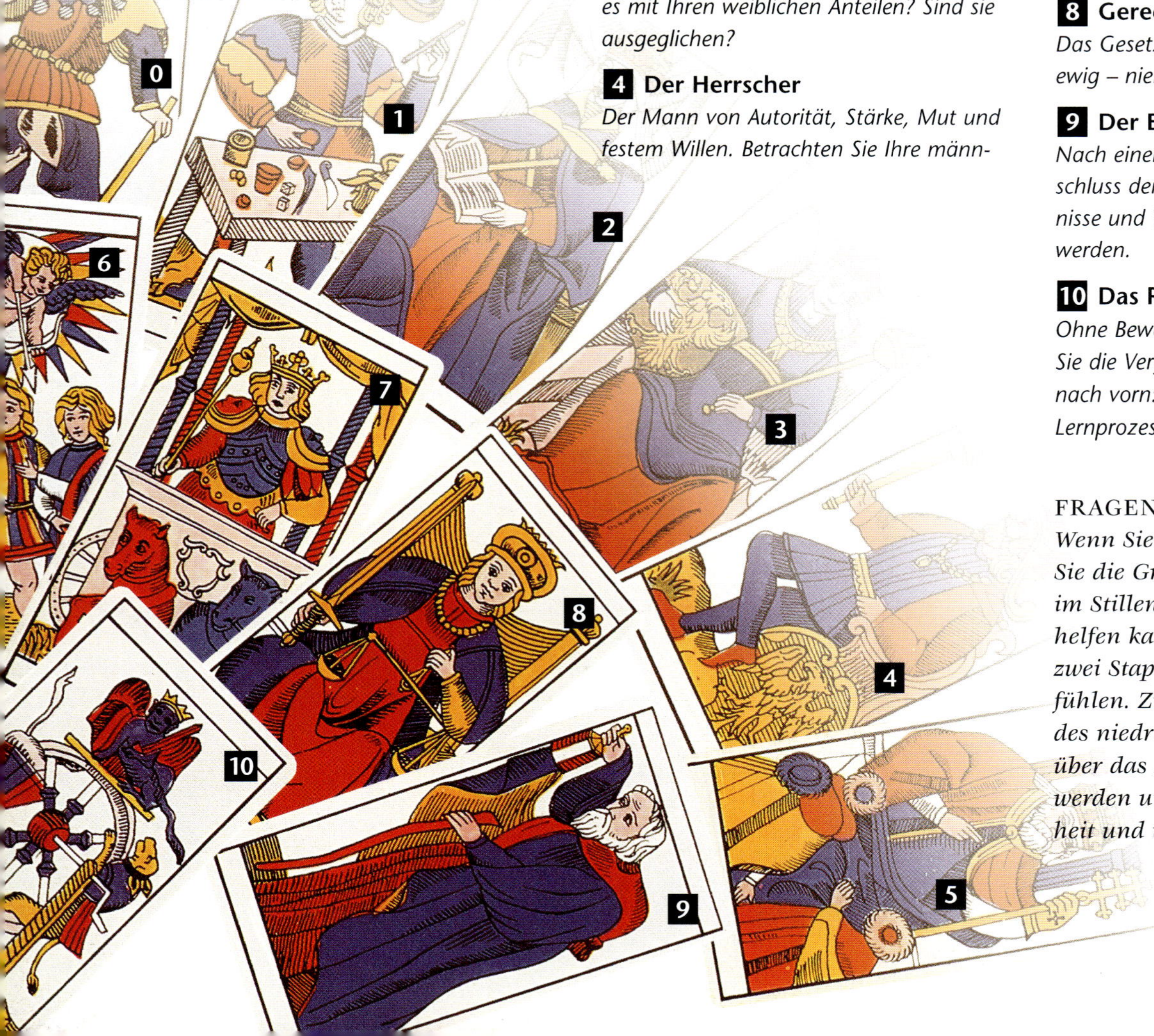

0 Der Narr
Hören Sie gut zu; alles hat seine Bedeutung, und jeder kann Ihnen weiter helfen.

1 Der Magier
Ihre Gedanken haben Macht. Achten Sie auf Ihre Ideen, und denken Sie positiv.

2 Die Hohepriesterin
Das Leben ist Veränderung: Akzeptieren Sie das, und vertrauen Sie Ihrer Intuition. Keine Angst vor verborgenen Geheimnissen.

3 Die Herrscherin
Die archetypische Frau. Ihre Erkenntnis kann Sie stabilisieren und leiten. Wie steht es mit Ihren weiblichen Anteilen? Sind sie ausgeglichen?

4 Der Herrscher
Der Mann von Autorität, Stärke, Mut und festem Willen. Betrachten Sie Ihre männlichen Anteile, und bringen Sie sie mit Ihrer weiblichen Seite ins Gleichgewicht.

5 Der Hierophant oder Papst
Ihre innere Stimme schenkt Ihnen göttliche Inspiration, Weisheit und Wahrheit. Hören Sie zu.

6 Die Liebenden
Sie sind mit den inspirierenden und spirituellen Kräften der Liebe verbunden.

7 Der Wagen
Nehmen Sie die Zügel Ihres Lebens in die Hand, und bestimmen Sie selbst die Richtung.

8 Gerechtigkeit
Das Gesetz von Ursache und Wirkung ist ewig – niemand ist davon ausgenommen.

9 Der Eremit
Nach einer Zeit des Rückzugs zum Abschluss der Erleuchtung müssen Erkenntnisse und Wahrheit anderen weitergegeben werden.

10 Das Rad
Ohne Bewegung erstarrt das Leben. Lassen Sie die Vergangenheit los, und blicken Sie nach vorn: Alles ist Teil eines unendlichen Lernprozesses.

FRAGEN SIE IHREN ARCHETYP
Wenn Sie etwas beschäftigt, mischen Sie die Großen Arkana und fragen Sie im Stillen, welcher Archetyp Ihnen helfen kann. Teilen Sie die Karten in zwei Stapel, sobald sie sich warm anfühlen. Ziehen Sie die oberste Karte des niedrigeren Stapels. Meditieren Sie über das Bild; lassen Sie es lebendig werden und Ihnen Erkenntnis, Weisheit und innere Ruhe schenken.

11 Die Kraft
Keiner bekommt mehr aufgeladen, als er tragen kann. Härten trainieren unsere spirituellen Muskeln.

12 Der Gehängte
Ist Ihr Opfer wirklich notwendig, oder ist es nur eine Ausrede, damit Sie nicht die Verantwortung für sich selbst übernehmen müssen? Fassen Sie Mut, und folgen Sie Ihrer inneren Wahrheit.

13 Tod
Jeder Tod bedeutet auch eine Geburt. Auf den höheren Ebenen gibt es keinen Tod, sondern nur Bewegung und Veränderung.

14 Mäßigkeit
Jetzt sind Weisheit und Zurückhaltung gefragt. Die fließenden, heilenden Wasser der Zeit nähren Sie und beheben allen Mangel.

15 Der Teufel
Statt die stille, leise Stimme der Liebe hören Sie die Stimme der Angst. Schauen Sie dem Teufel direkt in die Augen; nur so verschwindet er.

16 Der Turm
Ein heller Lichtblitz enthüllt die Probleme, die Sie ignoriert haben. Bemühen Sie sich um ein ausgeglicheneres, gesundes Leben.

17 Der Stern
Das Leben ist streng und erteilt Ihnen mit aller Deutlichkeit die Lektionen, die Sie brauchen. Das Ergebnis ist die Erleuchtung, und die Hoffnung verlässt uns nie.

18 Der Mond
Nur Narren behaupten, sie irrten nie. Erkennen und verzeihen Sie sich wie Sie wirklich sind, und gehen Sie weiter.

19 Die Sonne
Fleiß bringt Erfolg. Auf der materiellen Ebene ist alles vergänglich – nur Ihr innerstes Wesen ist unsterblich.

20 Das Gericht
Wie der Phönix aus der Asche werden auch Sie im Triumph daraus hervorgehen.

21 Die Welt
Wenn alle Kräfte richtig genutzt werden, wird alles möglich. Zugleich erkennen Sie, dass alle Ihre Bedürfnisse befriedigt sind und Ihr Verlangen unnütz ist.

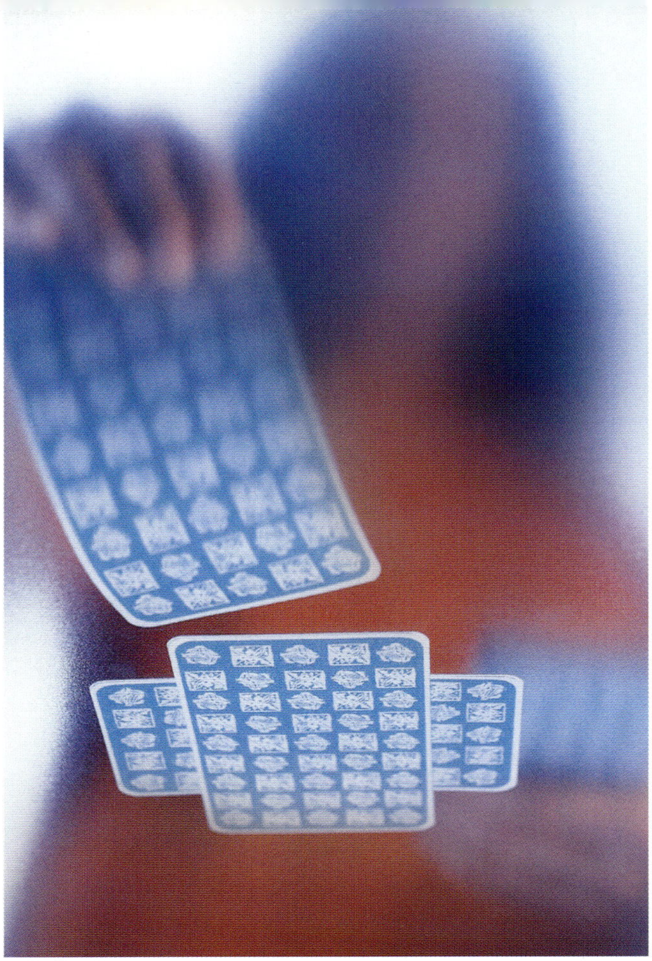

Die einfachste Deutungsmethode beachtet nur die offenkundige Bedeutung der Karten: Was verbinden Sie mit den Symbolen? Stattdessen kann man aber auch die Anordnung der Karten betrachten und daraus Handlungsabläufe entwickeln: Was passiert im Laufe des nächsten Jahres? Dieses Erkunden eines Legebildes vermittelt Ihnen ungeahnte Erkenntnisse. Plötzlich erkennen Sie, dass Ihr Leben nach einem bestimmten Muster verläuft – jetzt wird klar, warum Sie zum Beispiel bisher nur unbefriedigende Beziehungen hatten.

Mit steigender Sicherheit entsteht das Gefühl einer dynamischen medialen Verbindung zu den Karten. Jetzt können Sie aufwändigere Bilder legen, zum Beispiel das Keltische Kreuz (rechts). Wenn Sie sich zum Tarot hingezogen fühlen, nutzen Sie es. Ein mediales Instrument, das im Einklang steht mit Ihrer Intuition und Phantasie, ist in allen Lebensbereichen unglaublich hilfreich, von den emotionalen Beziehungen über private bis zu beruflichen Zielen.

Die Tarotdeutung verbessern

Wer Antworten sucht, ist der »Fragende«, ob Sie die Karten nun für sich selbst oder jemand anderen deuten. Besprechen Sie bei jeder Karte Ihre Reaktionen und Eindrücke.

Gehören die Karten hauptsächlich zu den Großen Arkana, könnten starke äußere Kräfte am Werk sein.

Erscheinen mehrere Hofkarten, sind vermutlich viele Menschen involviert.

Ist die zehnte Karte eine Hofkarte, hängt das Ergebnis vom Einfluss eines anderen ab.

Scheint die letzte Karte keinen Sinn zu ergeben, entfernen Sie sie und wiederholen Sie die Deutung mit dieser Karte als dem Signifikator.

Nutzen Sie die Ergebnis-Karte zur Meditation und Kontemplation, besonders vor dem Schlafengehen, und bitten Sie um Antworten.

Ziehen Sie an erster Position die Große Arkana »Der Mond«, legen Sie die Karten gleich wieder beiseite – jetzt ist keine eindeutige Antwort zu erhalten. Versuchen Sie es in ein bis zwei Tagen noch einmal.

DAS KELTISCHE KREUZ

Dieses Legebild ist eine wunderbare Möglichkeit zur rationalen und emotionalen Klärung einer verwirrenden Situation, etwa einer Krise am Arbeitsplatz oder in der Beziehung.

1 *Wählen Sie einen Signifikator (Karte 1), der für Sie als den Fragenden steht (Seiten 84-85), und legen Sie sie wie unten gezeigt ab.*

2 *Mischen Sie die Karten, bis sie sich warm anfühlen. Ziehen Sie die Karten mit der linken Hand, und legen Sie sie wie dargestellt aus.*

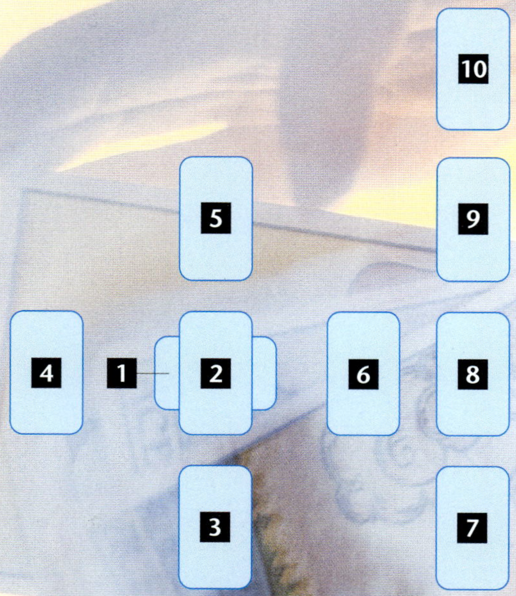

1 *Das ist der Fragende, die Situation insgesamt und allgemeine Einflüsse.*

2 *Das kreuzt den Fragenden, ein Hinweis auf positive oder negative Gegenkräfte.*

3 *Das liegt unter dem Fragenden, die Grundlagen der Sache, hier kann etwas ans Licht kommen.*

4 *Das liegt hinter dem Fragenden, hat sich eben erst ereignet oder ist im Vergehen begriffen.*

5 *Das krönt den Fragenden, ein möglicher Einfluss mit oder ohne direkte Folgen.*

6 *Das liegt vor dem Fragenden: Einflüsse, die in nächster Zukunft wirksam werden.*

7 *Ängste und negative Gefühle im Zusammenhang mit der Sache.*

8 *Meinungen und Einflüsse von Freunden und Familie.*

9 *Hoffnungen und Vorstellungen des Fragenden in der Sache.*

10 *Das mögliche Ergebnis, wie es sich aus dem Einfluss der anderen Karten abzeichnet.*

Hellsichtigkeit entwickeln

Wenn Sie schon einmal eine klassische Hellseherin konsultiert haben, dann hat sie Ihnen wahrscheinlich Bilder beschrieben, die sie beim Blick in eine Kristallkugel sah. Die Kugel ist das Instrument der professionellen Wahrsagerin oder Seherin, der Menschen mit dem »zweiten Gesicht«, wie man früher zu sagen pflegte. Auch Sie können die Kunst erlernen, Bilder von vergangenen, gegenwärtigen oder künftigen Ereignissen zu sehen; Sie gewinnen daraus besondere Erkenntnisse darüber, was vorgeht in der Welt, und einen Eindruck davon, wie etwas für Sie und andere ausgehen mag.

Wer seine Hellsichtigkeit entwickeln möchte, braucht sich nicht die Mühe zu machen, eine teure Kristallkugel zu kaufen. Hellsehen wird seit Tausenden von Jahren mit Hilfe aller möglichen reflektierenden Flächen ausgeübt, selbst mit dunklen Wasserspiegeln oder Tinte, klaren oder bunten Murmeln, Kohlestücken, Jet, Onyx, poliertem Metall, kurzum mit allem, was als Konzentrationshilfe und Einstimmung für den medialen Blick dienen kann. Reiner Kristall verstärkt übersinnliche Energien und ist deshalb ein besonders ideales Instrument.

Hellsehen erfordert große Geduld und das exakte Einhalten des Entspannungszustands. Die verwendete Oberfläche fungiert als Tor zu Zeit und Raum, und das Hineinschauen versetzt in eine leichte hypnotische Trance. Deshalb können Sie Informationen in Gestalt von Bildern, Symbolen, Buchstaben, Eindrücken und Empfindungen »sehen«, die üblicherweise als Antwort auf eine Frage erscheinen, die Sie selbst oder ein anderer gestellt haben.

Klarheit gewinnen

Das Symbol, das Sie sehen, kann je nach Situation Unterschiedliches bedeuten. So steht eine Katze einmal für Glück (Sie kommen auf die Füße), ein anderes Mal ist sie eine Warnung (Sie denken an jemanden, der ein zweifelhafter Freund ist). Notieren Sie Ihre Visionen und was tatsächlich eintritt, so lernen Sie mit zunehmender Erfahrung, Ihre Intuition mit einem wachen, aufgeschlossenen Verstand zu kombinieren.

Ihre Persönlichkeit und Ihre Interessen haben großen Einfluss auf die Bedeutung der Bilder. Erscheint z.B. das Symbol der Waage, könnte das bedeuten, dass Sie an einem Gerichtsverfahren beteiligt sind. Sind Sie jedoch Forscherin, ist es vielleicht ein Hinweis zur Auswertung von Daten. Als Antwort auf eine spirituelle Frage kann die Waage für göttliche Gerechtigkeit stehen.

DER UMGANG MIT DEM INSTRUMENT

1 *Arbeiten Sie in einem schwach beleuchteten Raum, und sitzen Sie mit dem Rücken zur Lichtquelle. Wenn Sie für jemand anderen hellsehen, sollte er oder sie mindestens eine Armeslänge entfernt sitzen.*

2 *Ist Ihr Instrument durchsichtig, legen Sie als Konzentrationshilfe ein kleines Tuch aus schwarzem Samt oder einem anderen dunklen Stoff darunter.*

3 *Entspannen Sie sich tief, bleiben Sie vollkommen ruhig und richten Sie den Blick ins Zentrum der Oberfläche, die Sie zum Hellsehen benutzen. Geschieht nichts, gönnen Sie sich eine Pause. Versuchen Sie es mehrmals wieder, aber nie mehr als 20 Minuten lang.*

4 *Dass Bilder kommen, erkennen Sie daran, dass Ihr Instrument im Innern nicht Äußeres mehr widerspiegelt. Es wird milchig und daraufhin rasch schwarz. Jetzt zeichnen sich Formen ab.*

5 *Es werden zwei Arten von Bildern erscheinen, die Sie intuitiv deuten müssen. Bilder mit unmittelbarer Aussage spielen sich als Film oder Szenerie vor Ihnen ab, fast wie im Kino. Sie stehen für tatsächliche Ereignisse aus Vergangenheit, Gegenwart oder Zukunft. Zunächst fällt die zeitliche Einordnung schwer, trauen Sie aber Ihrem Gefühl. Mit zunehmender Übung werden Sie immer besser.*

6 *Andere Bilder sind indirekt oder symbolisch. Sie ähneln Traumbildern, deshalb können Sie sich zur Deutung an Traumsymbolen orientieren (Seite 68). Auch hier wächst Ihre Fähigkeit zur korrekten Deutung durch Übung und Ausdauer.*

Was Teeblätter sagen können

Wenn Sie es noch nie mit dem Wahrsagen versucht haben, kann Ihnen schlichtes Teetrinken zu überraschenden Erkenntnissen verhelfen. Dazu brauchen Sie noch nicht einmal besondere mediale Fähigkeiten, das kann jeder, der über die Geduld verfügt, sich eingehend mit Symbolen und ihrer Bedeutung zu beschäftigen. Aber wie bei vielen Wahrsagemethoden sollten Sie auch dies nicht zu oft tun, lesen Sie höchstens ein oder zwei Mal pro Woche aus Teeblättern. Manche Symbole fallen sofort auf; je größer das Symbol, desto wichtiger und bedeutungsvoller ist es.

Achten Sie auch auf Verbindungen zwischen den Symbolen. Befindet sich zum Beispiel neben einem Gesicht ein Buchstabe, der einen Hinweis auf die Person geben könnte?

DIE BEREICHE DER TASSE
Die »Regionen« der Tasse sind für den Fragenden eine mediale Landkarte. Die Deutung der Teeblätterbilder bestimmt sich auch nach ihrer Lage.

Gegenüber dem Griff
Diese Seite gilt dem Beruf und allem Geschäftlichen.

Seiten und Boden der Tasse
Sie bezeichnen Zeiträume: Was nahe am Rand liegt, geschieht bald; Bilder an den Seiten haben weniger unmittelbaren Einfluss, und was am Boden liegt, tritt erst in ferner Zukunft ein.

Griff *Diese Stelle steht für den Fragenden, sein Zuhause und die nähere Familie.*

DAS TEE-RITUAL

Für eine gute, klare Deutung brauchen Sie einen Tee mit großen Blättern. Ideal ist chinesischer Tee, aber auch andere asiatische Sorten sind geeignet.

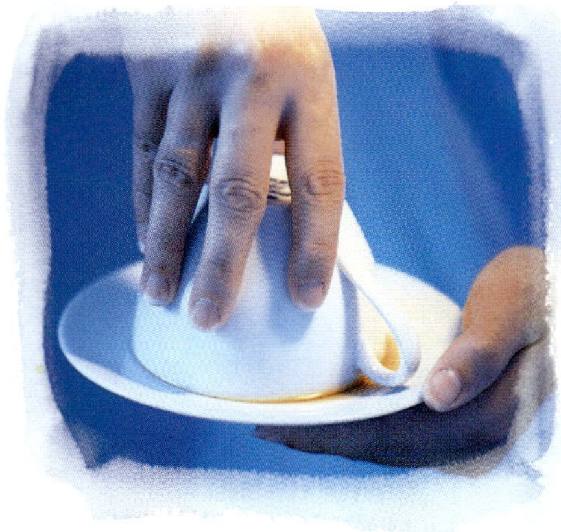

1 *Geben Sie einen Teelöffel Teeblätter in die Kanne und übergießen Sie mit kochendem Wasser. Servieren Sie in einer weißen oder sehr hellen, weiten Tasse mit Untertasse.*

2 *Trinken Sie den Tee bis auf etwa einen Teelöffel voll aus.*

3 *Halten Sie die Tasse in der linken Hand, und schwenken Sie sie drei Mal gegen den Uhrzeigersinn im Kreis. Konzentrieren Sie sich dabei auf Ihre Frage. Je exakter die Frage, desto besser die Ergebnisse.*

4 *Stürzen Sie die Tasse auf die Untertasse und lassen Sie die Flüssigkeit mindestens eine Minute lang auslaufen.*

5 *Drehen Sie die Tasse nun um, und deuten Sie die Blätter wie oben erklärt.*

Sollte ich jetzt umziehen?
Das antworten die Blätter auf die Frage: Die Fledermaus am oberen Tassenrand über dem Griff liegt im Bereich »Zuhause«. Eine Fledermaus mag ominös erscheinen, kann aber bedeuten, dass Ihre Ängste vor dem Unbekannten bei Tageslicht verfliegen werden. Am Boden hält eine Frauengestalt einen Besen in der Hand. Das könnte auf einen völligen Neubeginn deuten.

Positive Symbole
Adler, Amulett, Anker, Arche, Bienen, Blumen, Brücke, Eichel, Elefant, Engel, Ente, Feige, Fisch, Hufeisen, Klee, Krähe, Kreis, Krone, Mais, Schiff, Schwan, Stiefel, Stier, Taube, Vögel

Negative Symbole
Affe, Alligator, Bogen, Dolch, Fledermaus, Kreuz, Maus, Pfahl, Pfeil, Quadrat, Ratte, Sarg, schwarze Flagge, Schwert, Sense, Skelett, Stundenglas, Trommel, Wrack

Was uns Hände sagen können

Klassisch ausgebildete Handleser betrachten eingehend die Linien, Formen und Male der Hände. Experte in diesem Sinn werden Sie vielleicht nicht, auf jeden Fall aber können Sie mit Ihren medialen Fähigkeiten aus der Hand »lesen«. Wenn jemand seine Hand in die Ihre legt, nehmen Sie sich reichlich Zeit zur Einstimmung auf die Energie, die Sie verspüren. Sie ist Ihre wichtigste Erkenntnisquelle über diesen Menschen. Muster und Linien sind nur Konzentrationshilfen und Anregungen für Ihre Intuition, keine Blaupause.

Links oder Rechts

Zur Bedeutung der linken und der rechten Hand gibt es im Wesentlichen zwei Meinungen. Traditionell gilt die passive Hand (beim Rechtshänder also die Linke, beim Linkshänder die rechte) als Miniaturprofil der Persönlichkeit und ihrer Möglichkeiten. Man nimmt an, dass die Merkmale dieser Hand über die Jahre hinweg gleich bleiben, wohingegen die Kennzeichen der dominanten Hand sich verändern und entwickeln und deshalb zeigen, was der Mensch aus seinen angeborenen Fähigkeiten gemacht hat.

Moderne Handleser sagen jedoch, dass sich die Linien beider Hände verändern und dass die Hände »über Kreuz« mit der rechten bzw. linken Gehirnhälfte verbunden sind, was die Veränderungen prägt. Die rechte Hand zeigt kognitive, analytische und logische Fähigkeiten, die linke emotionale, intuitive und kreative Aspekte.

Auch hier ist Ihre Intuition Ihr bester Verbündeter; welche Hand Sie auch halten, lauschen Sie auf das, was Sie medial empfangen, und vertrauen Sie darauf.

HANDFORMEN

Schon ein rascher Blick auf die Handform sagt viel. Es gibt sieben Haupttypen – erkennen Sie den Ihren?

Eckig

Fingerspitzen enden gerade, Handteller so breit wie hoch.

Sie sind ein beständiger, sachlicher Mensch, der die Früchte seiner Arbeit erntet.

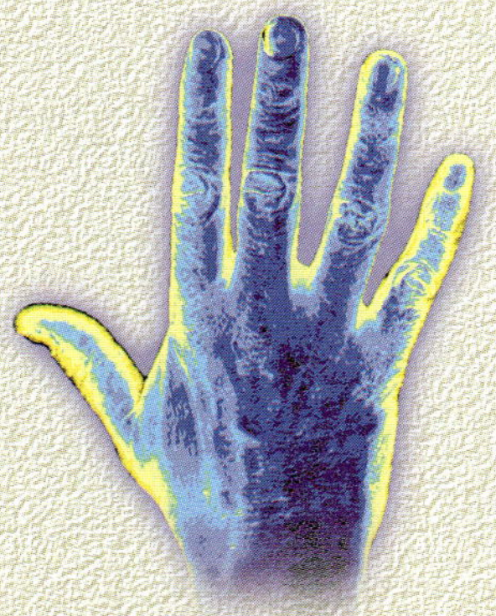

Spatelförmig oder aktiv

Kräftige Finger mit flacher Spitze, kurz im Vergleich zum Handteller.

Sie sind mutig und waghalsig, ein couragierter Pionier, der sich für andere einsetzt.

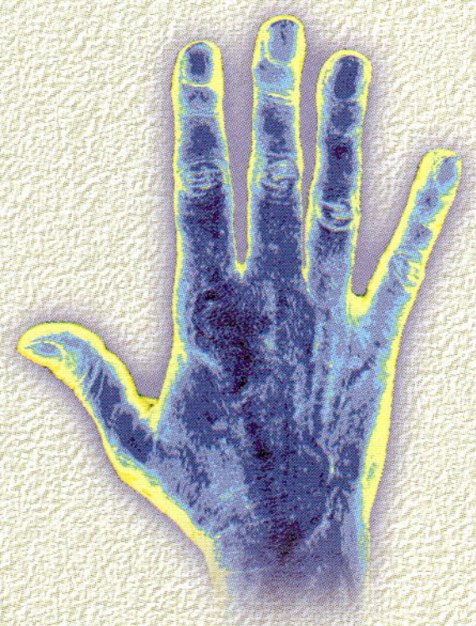

Konisch oder launisch

Schlanke, schmaler werdende Finger, etwas kürzer als der Handteller.

Sie sind stürmisch und impulsiv, Ihre Stimmungen wechseln schnell. Auch Kleinigkeiten machen Sie depressiv.

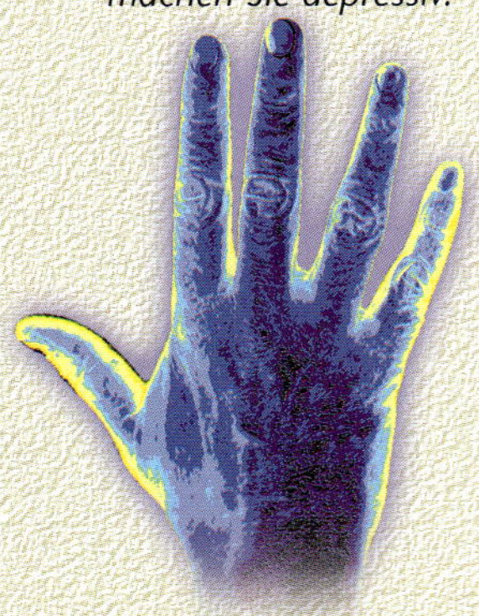

HAUPTLINIEN

Herz-, Kopf-, Schicksals- und Lebenslinie sind wichtige Indikatoren. Deutliche, durchgehende Linien bedeuten Positives.

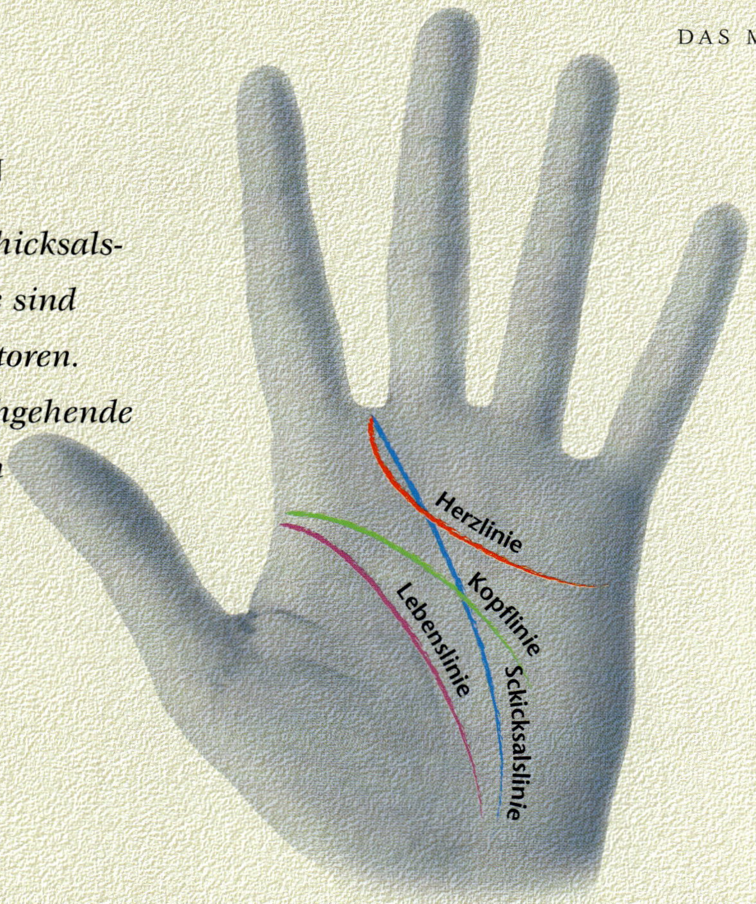

MERKMALE

Die Hauptlinien können folgende Merkmale aufweisen. Achten Sie darauf, auch wenn sie nur begrenzt Gültigkeit haben und periodisch auftreten können.

Kreuze *Schrecken und Sorgen*

Vierecke *Einschränkung*

Dreiecke *Talent*

Stern *finanzielles Glück*

Gitter *Krankheit*

Inseln *Entbehrungen*

Ketten *Eine Linie voller Ketten bedeutet Verwirrung*

Unspezifische Punkte und Vertiefungen *meist am Ende einer Linie, bedeuten Krankheit oder Schwäche – meist nur vorübergehend.*

Knotig oder philosophisch

Eher kurze, ungleichmäßige Finger bei großem, schmalem Handteller

Sie sind intellektuell und analysieren gern durch methodisches Denken.

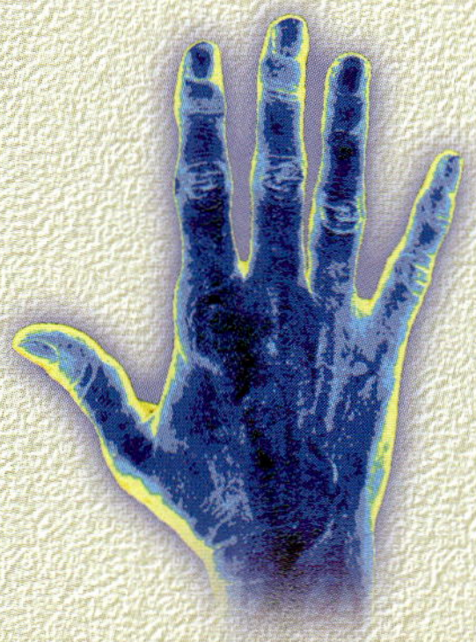

Spitz oder idealistisch

Sehr lange, glatte, schmal auslaufende Finger bei langem, schmalem Handteller.

Sie lieben Kunst und Schönheit, sind idealistisch, aber eher unpraktisch.

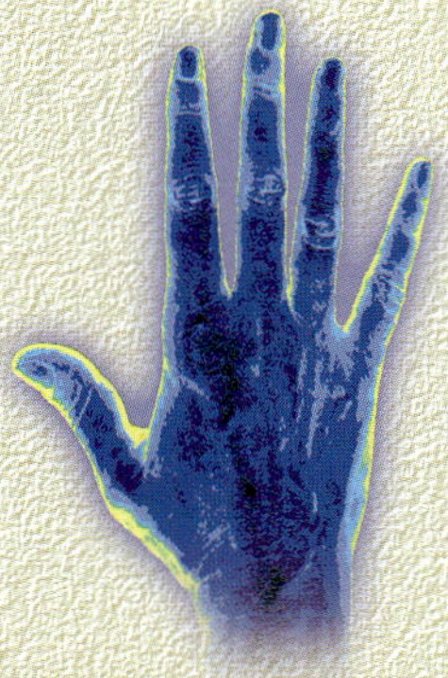

Elementar

Kurze, breite Finger und Handfläche

Sie sind praktisch, nicht intellektuell. In außergewöhnlichen Situationen besitzen Sie großartige Führungsqualitäten.

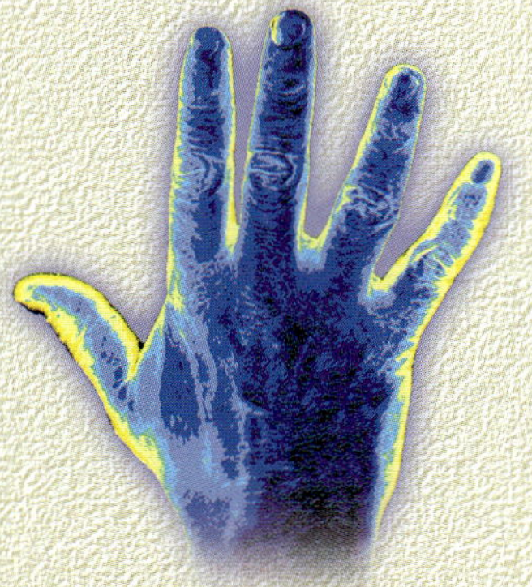

Gemischt

Finger und Handteller gleich lang.

Anpassungsfähig und vielseitig sind Sie, ein Universalgenie; vielleicht sogar ein begabter Erfinder.

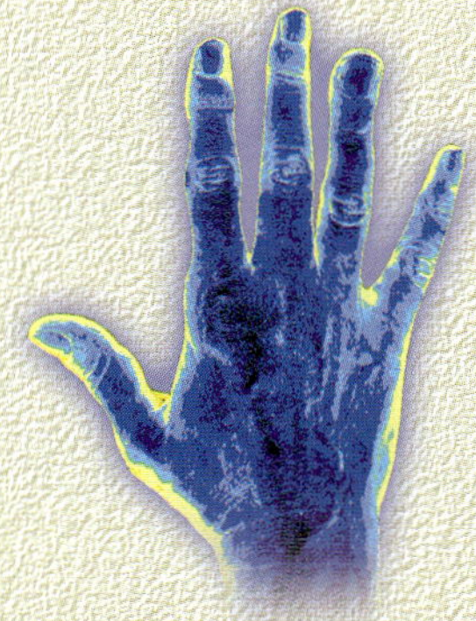

Was wir von den Runen lernen können

Menschen mit einer Begabung in der Runenmagie erhalten Ihre Macht von Odin, so sagt man, dem einäugigen Gott des Okkulten. Wer sich intuitiv zu diesem nordischen Orakel hingezogen fühlt, kann großen Gewinn aus seinen mystischen Kräften schöpfen. Eine einzelne Rune eignet sich zur Meditation, wenn Sie die Lösung zu einem Problem suchen, etwa: »Ist jetzt die richtige Zeit, meine aktuelle Beziehung zu beenden?« Mehr Informationen erhält jedoch, wer mehrere Runen zieht und ihr Zusammenspiel betrachtet. Es kann die Richtung zum Ziel weisen – etwa, wann und wie die Trennung möglichst schmerzlos vollzogen werden kann.

Runenorakel aus Stein oder Holz sind fast überall erhältlich. Wenn Sie selbst eines anfertigen möchten, brauchen Sie 25 flache Kieselsteine von etwa zwei Zentimeter Durchmesser. Darauf malen Sie mit wasserfestem Stift die Runenzeichen. Meditieren Sie dabei eingehend über die Bedeutung jeder Rune; so verstärkt sich die Energie in den Steinen. Bewahren Sie die Runensteine in einem ausreichend großen Zugbeutel auf. Mit jeder Benutzung werden die Schwingungen der Runen stärker.

Das Selbst *Die Korrektur vor dem Fortschritt. Zeit der Veränderungen und des Wachstums.*

Partnerschaft, Gabe *Wahre Einheit entsteht nur, wo beide Partner stark sind.*

Botschaften *Beobachten Sie, was um Sie ist. Für Ihr Wachstum hat alles Bedeutung.*

Rückzug, Erbe *Gewinnen durch Aufgeben der Vergangenheit. Sie müssen sich unterordnen.*

Kraft *Wie Bäume die Blätter müssen Sie etwas loslassen, damit Neues wachsen kann.*

Initiation, Geheimnis *Überraschungen. Spirituelle Transformation ist äußeren Dingen vorzuziehen.*

Not, Schmerz *Angst und Kampf. Sie engen sich ein, müssen Schulden ablösen, um zu wachsen.*

Fruchtbarkeit *Sie können Begonnenes vollenden. Eine Geburt ist oft schmerzvoll – Geduld!*

Ruhe V*erzögerung, Geduld, Loslassen und Abwarten. In aller Ruhe Angelegenheiten regeln.*

Schutz *Nicht Emotionen, nur Vernunft und besonnenes Handeln bieten wahren Schutz.*

EIN EINFACHES RUNENORAKEL

1 *Halten Sie den Runenbeutel in der Hand, und konzentrieren Sie sich auf Ihre Frage. Formulieren Sie schlicht. Bewegen Sie dabei sacht die Runen im Beutel.*

2 *Wenn Sie das Gefühl haben, dass Sie Antwort erhalten, öffnen Sie den Beutel und lassen die Runensteine darin durch die Finger gleiten, bis einer förmlich fest zu kleben scheint. Dieser Stein enthält die Antwort. Die Bedeutung finden Sie unten.*

3 *Eine umfassendere Aussage erhalten Sie, wenn Sie nach derselben Methode drei Runen ziehen. Sie werden von links nach rechts ausgelegt.*

4 *Die erste gilt der Situation, die zweite den erforderlichen Maßnahmen und die dritte zeigt das Ergebnis oder die neu entstandene Situation.*

Besitz *Das Gesetz von Ursache und Wirkung ist der Schlüssel zum Erfolg. Teilen Sie mit anderen.*

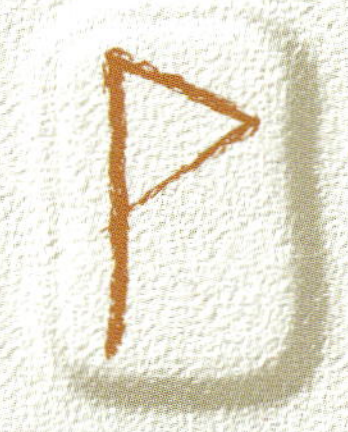

Freude, Licht *Neue Energie, Klarheit. Ein neu geordnetes Selbst bringt Erfüllung und Erneuerung.*

Ernte *Nur Geduld – Eile ist jetzt fehl am Platz. Wie das Ergebnis auch ausfällt, es wird gut.*

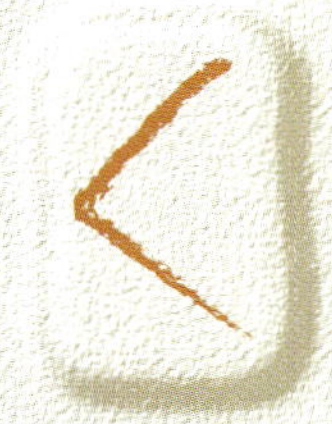

Öffnung *Seien Sie bereit zu empfangen, damit Licht in Ihr Leben strömen kann. Nur keine Angst.*

Die Kriegerenergie *Der spirituelle Krieger gebraucht seinen Willen ohne am Ergebnis festzuhalten.*

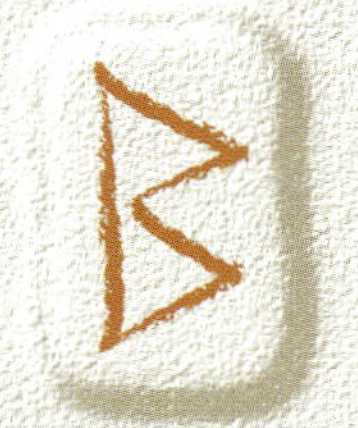

Wachstum *Die Vollendung des Werks erfordert Bescheidenheit, Geduld und Freundlichkeit.*

Bewegung *Sie haben stete Fortschritte gemacht, Sicherheit und Selbstvertrauen gewonnen.*

Fließen lassen *Ruhe im ruhigen Wasser und handle im bewegten.*

Zerstören und Erschaffen *Jetzt läuft es nicht nach Plan. Kraft erwächst aus Stärke.*

Einheit *Die Reise der Seele zur Verbindung von Geist und Materie. Werfen Sie Illusionen ab.*

Torweg *Zeit zum Nachdenken. Liebevoller Blick zurück, Wertschätzung und Weitergehen.*

Durchbruch *Die Dunkelheit liegt hinter Ihnen, und alles ist für immer verwandelt.*

Stillstand *Emotionale Kälte. Lassen Sie los, was Sie so kalt macht, damit das Eis tauen kann.*

Ganzheit *Sie erkennen, dass alles, was Sie suchen, bereits in Ihnen ist.*

Das Unerkennbare *Ein Blankostein. Jetzt braucht es Mut zur Veränderung.*

Vom Umgang mit der Wünschelrute

Zwar weiß man nicht, wie ein Stück Holz oder Metall unterirdische Wasser-, Öl- oder Mineralienvorkommen aufspüren kann, fest steht jedoch, dass das Rutengehen schon seit Jahrtausenden betrieben wird. Es gibt verschiedene Theorien, wie Radiästhesie funktioniert: Eine besagt, dass der Mensch sich einen primitiven Spürsinn für Wasser bewahrt hat, der normalerweise ruht, aber aktiviert werden kann. Außerdem besteht die Möglichkeit, dass die Rute Energiewellen aussendet, die zurückgeworfen werden, wenn der Radiästhet auf das Ziel gestoßen ist. Einer anderen Vorstellung nach stimmt sich der Rutengänger medial auf die Energiefelder des gesuchten Stoffes ein, wobei die Rute nur Konzentrationshilfe ist. Wie dem auch sei, für den Neuling in den medialen Künsten ist es ein aufregendes Erlebnis, wenn er die Reaktion seines Instruments spürt – man fühlt sich lebendigen Energiequellen sehr nahe.

Heute wird die Radiästhesie oft in der Gesundheitsberatung genutzt; mit der Rute sind Wasseradern aufzuspüren, die bei den Menschen, die darüber leben, zu Gesundheitsstörungen führen können.

EINE WÜNSCHELRUTE HERSTELLEN

Die klassische Wünschelrute wird aus einem gegabelten Hasel- oder Weidenzweig geschnitten, aber auch ein zurecht gebogenes Stück Metall erfüllt seinen Zweck.

1 *Biegen Sie einen Drahtkleiderbügel auf, und ziehen Sie ihn gerade. Schneiden Sie ihn in zwei Teile.*

2 *Biegen Sie jedes Stück l-förmig zu einer Winkelrute. Ziehen Sie nun aus zwei Wegwerfkugelschreibern die Mine heraus, und schieben Sie die Hülle als Griff über den kurzen Rutenschenkel. Mit diesen Ruten brauchen Sie reichlich Bewegungsspielraum.*

3 *Wenn Sie eine klassische Rute bevorzugen, schneiden Sie einen Hasel- oder Weidenzweig, der gabelförmig gewachsen ist.*

DIE SUCHE EINGRENZEN

Radiästheten werden nicht nur zum Muten von Wasser, sondern auch vielen anderen unterirdischen Vorkommen hinzugezogen, Öl etwa oder wertvollen Mineralien, Gold-, Silber- und Platinadern oder anderen seltenen Metallen oder Gesteinsformationen, die Diamanten und andere Edelsteine enthalten. Jedes Mal reagiert die Rute etwas anders. Daher haben Radiästheten eine raffinierte Methode zur Verbesserung ihrer Trefferquote. Sie stimmen die Rute vorab exakt auf den gesuchten Stoff ein. Soll Gold gefunden werden, ermitteln Sie zuerst die Reaktion der Rute auf ein Stück Golderz. Zeigt die Rute vor Ort exakt diese Reaktion, sind die Chancen, dass sich darunter tatsächlich Gold befindet, deutlich größer.

DAS MUTEN VON WASSER

Tief unter einem ausgetrockneten Stück Land mag Wasser sein. Finden Sie es?

1 *Versetzen Sie sich in eine entspannte Konzentration, und schreiten Sie das Areal langsam ab. Fragen Sie dabei still, wo Sie Wasser finden können.*

2 *Winkelruten aus Metall zeigen ein unterirdisches Wasservorkommen an, indem sie sich kreuzen.*

3 *Eine Rute aus Haselholz oder Weide halten Sie an der gegabelten Seite locker in den Fingerspitzen, so dass das freie Ende nach oben zeigt. Sind Sie auf unterirdisches Wasser gestoßen, zieht dieses Ende plötzlich stark nach unten.*

4 *An der Stelle, an der Ihre Rute ausgeschlagen hat, können Sie nun probehalber nach Wasser graben lassen.*

Was das Pendel leistet

Medial begabte Menschen werden häufig gebeten, bei der Suche nach Vermissten oder Verlorenem zu helfen. Manche verwenden dabei eine Konzentrationshilfe wie zum Beispiel ein Pendel. Den Umgang damit können Sie auch erlernen, besonders wenn Sie mit der Wünschelrute Erfolg hatten (siehe vorhergehende Seiten). Mit etwas Glück entdecken Sie eine echte Begabung für die Radiästhesie.

Wie kommt man nun an ein Pendel? Man kann es ganz leicht selbst machen, denn es besteht einfach nur aus einem nicht zu leichten Gegenstand an einem Faden, einer Schnur oder dünnen Metallkette. Geeignet ist fast alles. Manche verwenden am liebsten Dinge, die sie ständig tragen, zum Beispiel einen glatten Ehering an der Lieblingsgoldkette; selbst ein kleiner Schlüssel aus Metall erfüllt seinen Zweck. Wer sein Pendel kaufen möchte, hat reiche Auswahl: vom schön geschnitzten Holz bis zum Bergkristall. Wählen Sie, was sich für Sie stimmig anfühlt.

Wenn Sie Ihr Pendel haben, laden Sie es mit Ihrer Energie auf; nehmen Sie es oft in die Hand, und tragen Sie es immer bei sich. Sie können es mit Heilenergie aufladen und beim Auspendeln des Körpers (bei sich selbst oder anderen) Befindlichkeitsstörungen erspüren. Stellen Sie dem Pendel exakte Fragen, und leiten Sie dann Heilenergie aus dem Pendel in die betroffene Stelle.

Mit dem Pendel kann man auch an Orten und Gebäuden mit belasteter spiritueller Energie unerlöste Geister oder negative Energien aufspüren und heilen.

Insiderinformation RADIÄSTHESIE

Die Radiästhesie ist eine wunderbare Entscheidungshilfe – *von der Freizeitgestaltung bis zur Medikamentenwahl. Sie brauchen dazu bildliche Darstellungen der Alternativen. Wenn Sie zum Beispiel wissen möchten, ob ein Tauch- oder ein Nähkurs für Sie vorteilhafter ist, deuten Sie nach einander mit dem Finger auf jedes Bild und fragen Sie das Pendel, ob Ihnen dieser Kurs nützt.*

Mit Pendel und Landkarte können Sie Personen oder Gegenstände ausfindig machen. *Halten Sie das Pendel über die Karte, und beobachten Sie, ob es über einer bestimmten Stelle aktiver ist als anderswo. Dort könnten sich der Gesuchte, eine uralte heilige Stätte, eine verborgene Höhle, Wasser oder Mineralienvorkommen befinden.*

Das Pendel kann auch Probleme klären. *Wenn Sie glauben, auf Nahrungsmittel allergisch zu sein, stellen Sie mögliche Auslöser zusammen, Milch- oder Weizenprodukte etwa, und deuten Sie nach einander mit dem Finger darauf. Fragen Sie das Pendel, ob Ihnen dieses Nahrungsmittel nicht bekommt. Gehen Sie die ganze Liste durch, denn vielleicht gibt es ja mehr als ein Allergen.*

DAS PENDEL PROGRAMMIEREN

1 *Die bejahenden und verneinenden Reaktionen Ihres Pendels müssen programmiert werden. Halten Sie es dazu an der Schnur zwischen Daumen und Zeigefinger über eine glatte Fläche. Lassen Sie es zum Stillstand kommen.*

2 *Schwingen Sie nun das Pendel leicht diagonal. Konzentrieren Sie sich darauf, und sagen Sie laut: »Das bedeutet Ja«. Wiederholen Sie den Vorgang mehrmals.*

3 *Schwingen Sie das Pendel dann in die entgegengesetzte Richtung und sagen Sie: »Das bedeutet Nein.« Wiederholen Sie auch das mehrfach.*

4 *Testen Sie Ihr Pendel nun auf Genauigkeit. Sagen Sie Ihren Namen, und fragen Sie: »Ist das mein Name?« Es sollte in die »Ja«-Richtung ausschlagen. Sagen Sie dann einen völlig anderen Namen, und fragen Sie wieder. Jetzt sollten Sie ein »Nein« zur Antwort erhalten.*

VERLORENE GEGENSTÄNDE FINDEN

1 *Ihr Pendel kann Ihnen helfen, Verlorenes wiederzufinden. Beginnen Sie mit dem übergeordneten Bereich. Fragen Sie das Pendel, ob sich der Gegenstand im Büro, zu Hause, im Auto oder im Garten befindet.*

2 *Nach einer bejahenden Antwort können Sie weiter ins Detail gehen. Ist der Gegenstand bei Ihnen zu Hause, so fragen Sie zum Beispiel, in welchem Zimmer er liegt: Schlafzimmer, Badezimmer, Küche?*

3 *Wenn das Zimmer fest steht, gehen Sie mit dem Pendel dorthin und drehen sich langsam um die eigene Achse. Fragen Sie das Pendel, in welche Richtung Sie sich wenden sollen. Es sollte Sie direkt an die richtige Stelle führen.*

Die Weisheit in den Zahlen

Hat Ihr Name eine versteckte Bedeutung? Und in welcher Hinsicht definiert er wesentliche Charakterzüge und Schicksalsverläufe? Die Antwort liegt in der starken Verbindung zwischen Zahlen und Buchstaben. Die alten Ägypter wiesen bestimmten Buchstaben magische Zahlen zu und sagten daraus die Zukunft vorher. Die Wissenschaft von den Zahlen aber (Numerologie) entstammt der griechischen und der hebräischen Kultur. Das hebräische System, die so genannte Kabbala, ordnete jedem der 22 Buchstaben des hebräischen Alphabets eine Zahl zu. Jedes Wort lässt sich damit auf eine arithmetische Ziffer reduzieren und enthält eine geheime Bedeutung.

Das erklärt, warum der Vorname, den Ihre Eltern Ihnen gaben, so viel aussagt. Er entstand durch das Naturgesetz der universalen Anziehung im Zeitpunkt Ihrer Geburt und ist wichtiger als jeder andere Name, den Sie später annehmen, auch ein Ehename.

Ihre persönlichen Schicksalszahlen (unten) und deren Bedeutung (gegenüber) können Ihnen überraschende neue Erkenntnisse über Ihre Persönlichkeit vermitteln.

Ihr Geburtsdatum ergibt die Lebenszahl; sie ist unveränderlich und steht für Ihre besonderen Charaktermerkmale, Eigenschaften und Ihren Wesenskern. Ihre Namenszahl zeigt, wie Sie sich nach außen darstellen, Ihre Persönlichkeit. Die beiden Zahlen können sich ergänzen oder widersprechen. Das erklärt, warum wir oft das Gefühl haben, dass tief sitzende Bedürfnisse nicht zum Ausdruck kommen.

RECHNEN MIT SCHWINGUNGEN

So berechnen Sie Ihre beiden Schicksalszahlen

1	2	3	4	5	6	7	8	9
A	B	C	D	E	F	G	H	I
J	K	L	M	N	O	P	Q	R
S	T	U	V	W	X	Y	Z	

Die erste Zahl ergibt sich aus Ihrem Geburtsdatum

1 *Schreiben Sie dazu Ihr genaues Geburtsdatum auf. Aus* **2. Dezember 1958** *wird zum Beispiel* **2/12/1958**.

2 *Addieren Sie die Ziffern.*

2 + 1 + 2 + 1 + 9 + 5 + 8 = 28

bilden Sie aus diesem Ergebnis die Quersumme.

2 + 8 = 10, *erneute Quersumme* **1**

Daher: **2/12/1958 = 1**

DIE ZAHLEN UND IHRE BEDEUTUNG

Jede Zahl hat positive und negative Aspekte – was Sie daraus machen, liegt an Ihnen.

1 *Unabhängig, selbstbewusst, hartnäckig, zielstrebig. Intolerant, eingebildet, engstirnig, eigensinnig.*

2 *Gelassen, gerecht, selbstlos, harmonisch, gesellig. Unentschlossen, gleichgültig, unfähig zur Verantwortung, willensschwach.*

3 *Freiheitsliebend, mutig, abenteuerlustig, überschwänglich, brillant. Gleichgültig, ungeduldig, vertrauensselig, mangelndes Durchhaltevermögen.*

4 *Unbeirrbar, loyal, durch nichts zu erschüttern, ehrlich, willensstark, praktisch. Unbeholfen, begriffsstutzig, konservativ, unflexibel.*

5 *Abenteuerlustig, lebhaft, mutig, gesund, sympathisch. Voreilig, verantwortungslos, unbeständig, unzuverlässig, gedankenlos.*

6 *Idealistisch, selbstlos, ehrlich, großzügig, treu, verantwortungsbewusst. Hochnäsig, schwach, unpraktisch, unterwürfig.*

7 *Weise, scharfsichtig, philosophisch, beständig, tiefsinnig, nachdenklich. Trübsinnig, überkritisch, passiv, ungesellig.*

8 *Praktisch, stark, geschäftstüchtig, entschlossen, den Überblick wahrend, konstant. Phantasielos, direkt, eigenbrötlerisch.*

9 *Intelligent, verständnisvoll, diskret, künstlerisch, brillant, hochfliegende Ideen. Verträumt, lethargisch, Konzentrationsmängel, ziellos.*

Hinweis: Die Zahlen 11 und 22 werden üblicherweise nicht weiter zur Quersumme addiert.

11 *Dies ist die Zahl des Hochintelligenten oder Genies, der auch als Glückspilz gilt. Transformation.*

22 *Wegen ihrer großen Macht kann diese Zahl zu außergewöhnlichem Aufstieg oder katastrophalen Niederlagen führen.*

Die zweite wichtige Formel ergibt sich aus der Analyse Ihres Vornamens

3 *Entnehmen Sie aus der Tabelle gegenüber die Ihrem Namen entsprechenden Zahlen.*

Mein Vorname lautet:

J = 1 U = 3 L = 3 I = 9 E = 5

Das ergibt **21**, *Quersumme:* **2 + 1 = 3**

Mein Nachname lautet:

S = 1 O = 6 S = 1 K = 2 I = 9 N = 5

Das ergibt **24**, *Quersumme:* **2 + 4 = 6**

Zusammen ergeben Vor- und Nachname also **9**.

4 *Ihre Geburtstags- und Namenszahl gelten nur für Sie; die Bedeutung finden Sie in der Liste oben.*

4 MEDIALES HEILEN

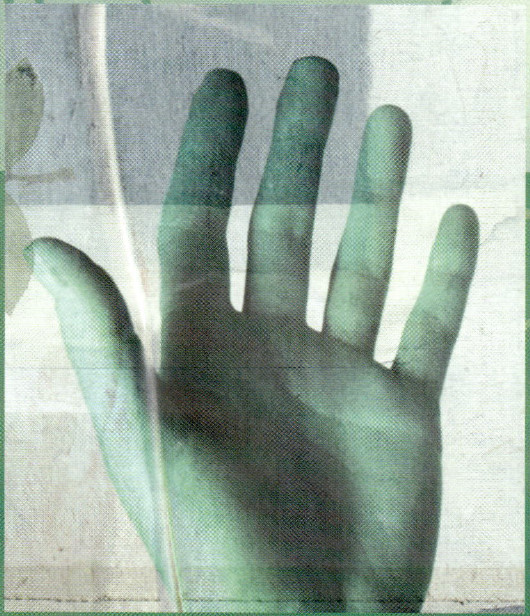

Welche Heilkräfte besitzen Sie?

Wussten Sie, dass Sie unbewusst jeden Tag Heilkräfte anwenden? Sie schenken einem Unbekannten ein Lächeln, hören einem Kollegen zu, denken liebevoll an einen Verwandten in der Ferne, empfinden Mitgefühl mit jemanden, von dem Sie lesen, und rufen einen Freund an, wenn Sie spüren, dass er traurig ist. Bei einer kleinen Verletzung reiben Sie die Stelle instinktiv, damit sie nicht mehr weh tut. Immer, wenn Sie so auf ganz alltägliche Weise Liebe und Anteilnahme ausdrücken, senden Sie Heilenergien aus.

Fernheilung

Noch effektiver einsetzen können Sie solches Verhalten, wenn Sie lernen, Ihre angeborenen Heilenergien zu verstärken. Dies kann in der Form der Fernheilung geschehen, bei der starke, heilsame Gedanken an einen Menschen geschickt werden, der sie gerade braucht. Als ich noch sehr jung war, belegte ich einen Kurs zur Entwicklung medialer Fähigkeiten. Eines Abends sollten wir Menschen nennen, denen Fernheilung gut tun könnte. Da eine Freundin damals eine emotional schwierige Zeit durchmachte, gab ich ihren Namen in die Heilenergie hinein. Als ich sie am darauffolgenden Sonntag besuchte, erzählte sie mir, am Donnerstag Abend habe sie plötzlich eine starke Gefühlswelle verspürt, die ihr vermittelte, es werde alles gut werden. Es sei etwa 19.45 Uhr gewesen – exakt die Zeit, als unsere Gruppe die Heilenergie geschickt hatte. Meine Freundin wusste nichts von meinen medialen Interessen und schon gar nichts von dem Kurs.

Richtlinien für das mediale Heilen

Es kann sehr schmeichelhaft sein, wenn man seine Begabung zum Heilen entdeckt, aber werden Sie nicht überheblich.

Seien Sie sich bewusst, dass alles, was Sie tun, Teil eines größeren Heilprozesses ist. Sie sind lediglich ein Kanal für die heilenden Energien. Die Heilenergie (oft als Prana bezeichnet) kommt aus einer universalen Quelle, nicht aus Ihnen.

Seien Sie sich bewusst, dass Sie das Instrument oder der Kanal für die Heilenergie sind und deshalb Selbsterkenntnis und spirituelle Weiterentwicklung eine enorme Hilfe bedeuten.

Stellen Sie keine Diagnosen, und spielen Sie nicht den Arzt. Widersprechen Sie niemals dem medizinischem Rat eines Arztes oder Heilpraktikers.

Ein Kanal für die Heilung

Sie können auch daran arbeiten, mit Ihren Reserven an regenerativer Energie (siehe gegenüber) in Verbindung zu kommen und damit das Wohlbefinden anderer zu steigern. Zwar können alle Menschen Heilprozesse fördern, manchen aber gelingt das etwas direkter (sie Kasten gegenüber). Ergibt der Test, dass Sie empathisch sind, so geht es anderen oft schon deshalb besser, weil sie in Ihrer Nähe sind. Als schamanischer Mensch haben Sie wahrscheinlich einen angeborenen Sinn dafür, was einem Kranken hilft oder schadet. Haben Sie echte mediale Heilkraft, tut anderen Ihre heilende Berührung gut. Ist Ihre Gabe eher spiritueller Natur, können Sie womöglich Heilkräfte aus höherer Quelle channeln.

DIE KRAFT IM INNERN FINDEN

Tun Sie sich selbst und anderen Gutes, und finden Sie den Zugang zu Ihrer inneren Quelle regenerativer Energie.

1 *Nehmen Sie eine entspannte Sitzposition ein, und legen Sie beide Hände auf den Solarplexus.*

2 *Schließen Sie die Augen, und lenken Sie Ihre gesamte Aufmerksamkeit auf die Hände. Sie werden dabei immer wärmer, und zwar durch die Prana-Energie aus Ihrem Solarplexus.*

3 *Legen Sie nun die Finger ganz leicht auf die Stirn. Sie prickeln jetzt und fühlen sich stark energiegeladen an.*

4 *Lassen Sie den Strom der Pranaenergie in Ihren Kopf fließen; achten Sie auf die lebhaften Empfindungen.*

5 *Sobald das Prickeln aufhört, nehmen Sie die Finger von der Stirn und schütteln die Hände kräftig aus.*

6 *Legen Sie zum Schluss wieder die Hände auf den Solarplexus und lassen Sie sie dort einige Minuten ruhen. Ihre Hände sollten sich jetzt lebendig und vor Energie »glühend« anfühlen.*

Was für ein Heiler sind Sie?

- ❑ **1** Können Sie gut zuhören?
- ❑ **2** Fühlen sich andere bei Ihnen wohl?
- ❑ **3** Verspüren Sie eine Verbindung zur Erde und zur Natur?
- ❑ **4** Setzt man Vertrauen in Sie?
- ❑ **5** Können Sie Kopfschmerzen »abschütteln«?
- ❑ **6** Möchten Sie die Welt verbessern?
- ❑ **7** Haben Sie schon einmal die Anwesenheit eines Engels oder Geistheilers gespürt?
- ❑ **8** Haben Sie eine intuitive Verbindung zu Tieren?
- ❑ **9** Fühlen Sie sich oft vollkommen im Einklang mit der Welt?
- ❑ **10** Spüren Sie die Schmerzen anderer?
- ❑ **11** Geht es Ihren Freunden nach Ihrem Besuch oder einem Telefonat mit Ihnen besser?
- ❑ **12** Können Sie »beschließen«, nicht krank zu werden?

Es bedeutet »Ja« bei:

1 2 4
Sie sind empathisch.

3 8 10
Sie haben schamanische Kräfte.

5 11 12
Ihre Gabe ist das mediale Heilen.

6 7 9
Sie besitzen spirituelle Heilkraft (siehe gegenüber).

Selbstheilung zuerst

Wenn Sie entdecken, dass Sie wirksame Heilkräfte besitzen, dürfen Sie ruhig ein wenig stolz auf sich sein. Lassen Sie sich davon aber nicht täuschen. Halten Sie sich immer vor Augen, dass die einzige Heilkraft, die Sie als aus Ihnen selbst kommend für sich in Anspruch nehmen dürfen, die Kraft ist, sich selbst zu heilen. In allen anderen Fällen sind Sie lediglich der Kanal für die Lebens- oder Prana-Energie. Sie allein bewirkt die Heilung bei anderen.

Wenn Ihnen das klar ist, erkennen Sie auch, dass Sie nur dann wirklich heilen können, wenn Sie sich zuvor um Ihre eigene Gesundheit gekümmert haben. Dazu gehört auch die Lösung emotionaler und physischer Probleme – Selbstheilung erfordert die Fähigkeit, sich selbst zu erkennen und anzunehmen. Außerdem bedeutet sie, allen lang gehegten Hass oder Groll aufzugeben, wie berechtigt er auch bis jetzt erschienen sein mag.

Aber seien Sie nicht zu hart zu sich, und unterschätzen Sie nicht, wie viel Selbstheilung Sie bereits erreichen können, wenn Sie einfach nicht dauernd über die Vergangenheit oder die Zukunft grübeln. Genießen Sie das Leben so, wie es heute ist: Sie sind die Gesamtsumme aller Ihrer Erfahrungen, und alles Ungelöste aus der Vergangenheit wird sich im Hier und Jetzt manifestieren. Durch Beobachten, Erkennen und die Auseinandersetzung mit dem, was jetzt ist, aktivieren Sie einen Strom lebendiger Energie, in dem Sie wachsen und gedeihen können.

Naturkräfte

Mit den Übungen auf der Seite gegenüber können Sie die Fähigkeiten anderer Wesen nachahmen und sich aneignen. Die Schmetterlingsatmung schenkt schnelle Kraft – wie auch der Schmetterling seine Schönheit und endgültige Form in kurzer Zeit gewinnt. Und den kurzen, scharfen Stich der Biene kennen wir doch alle.

Insiderinformation PRANA ODER HEILENERGIE

Heilenergie ist in uns allen. *Der Mensch wird mit dieser Pranaenergie geboren; sie verbindet uns mit allem im Universum, dem Belebten und Unbelebten.*

Den Vorrat an dieser Energie können wir mehren. *Der Pranaspiegel steigt, wenn wir uns mit der universalen Energie verbinden: in der Meditation (Seite 23), durch positive Affirmationen (Seite 34) und durch die Harmonisierung der Chakras (Seite 31).*

Es gibt besonders starke Quellen dieser Energie. *Prana durchströmt alles, besonders konzentriert aber Erde und Wasser. Segeln, Schwimmen oder Gartenarbeit sind effektive und angenehme Möglichkeiten, die eigene Pranaenergie zu steigern.*

ATMEN WIE EIN SCHMETTERLING

Holen Sie über den Atem schnell kraftvolle Heilenergie in den Körper.

1 *Legen Sie die Hände aufs Herz, und atmen Sie so tief wie möglich ein. Führen Sie Arme und Hände dabei nach oben zum Himmel. Verbinden Sie sich in Gedanken mit den unendlichen Quellen des Prana oder der universalen Energie.*

2 *Lassen Sie Arme und Hände beim Ausatmen neben den Körper sinken.*

3 *Wiederholen Sie das bis zu zehn Mal, und leiten Sie dabei immer mehr Pranaenergie in sich hinein und um sich herum.*

...STECHEN WIE EINE BIENE

Vertreiben Sie mit der Kraft der Visualisation Erkältungsviren und andere Feinde Ihres Immunsystems.

1 *Entspannen Sie sich vollkommen (Seite 23), und tasten Sie im Geist von Kopf bis Fuß Ihren gesamten Körper ab, spüren Sie dabei, welche Bereiche betroffen sind.*

2 *Konzentrieren Sie sich auf diese Bereiche, und visualisieren Sie ganze Armeen starker »Soldatenzellen«, die sich aufmachen, um den eingedrungenen Virus zu vernichten.*

3 *Malen Sie sich alles so plastisch und detailliert wie möglich aus. Versehen Sie die Soldatenzellen für den effektiven Einsatz mit unglaublich leistungsfähigen Waffen.*

4 *Beobachten Sie, wie Ihre »Truppen« den Virus vernichten – je mehr imaginative Energie Sie darauf verwenden, desto besser die Wirkung.*

DEN GARTEN HEILEN

Viele mediale Heiler haben prächtige, gesunde Pflanzen im Garten. Das verwundert nicht, denn Energie, die den Pflanzen durch wohltuenden Kontakt mit Menschen zugleitet wird, kann ihre Gesundheit enorm steigern. In Experimenten zeigte sich, dass es Pflanzen, die regelmäßig berührt und gestreichelt werden, wesentlich besser geht als ihren vernachlässigten Artgenossen. Diese Entdeckung der Pflanzenforscher ist für den medialen Praktiker durchaus erklärlich: Liebevolle Kommunikation fördert immer Heilung und Wohlbefinden, und positive Zuwendung zur Aura von Lebewesen kann zu höchst erfreulichen Ergebnissen führen. Jede Pflanze hat einen eigenen Geist, bildlich häufig als Elfe dargestellt. Es ist deshalb auch kein Zufall, dass wir Gartenzwerge aufstellen: Wir anerkennen damit instinktiv die verborgene Welt der Erdgeister und bitten sie unbewusst um Hilfe.

Wenn Sie etwas für Gesundheit und Wohlbefinden Ihrer Pflanzen tun wollen, konzentrieren Sie Ihre medialen Energien auf Ihre gärtnerischen Fähigkeiten. Zuerst sollten Sie lernen, mit den Geistern Ihrer Pflanzen zu kommunizieren (Seite 58). Sie ermöglichen ihnen damit längeres Leben und kräftigeres Wachstum.

ERSTE HILFE IN DREI SCHRITTEN

Selbst kurz vor dem Eingehen können Sie eine Pflanze noch einmal zu voller Blüte erwecken.

1 *Entfernen Sie bereits abgestorbene Pflanzenteile und alles, was die Pflanzstelle verschmutzt. Verbinden Sie sich dann mit der Pflanze, und fragen Sie, was ihr fehlt. Steht sie zu trocken oder zu nass oder im falschen Boden? Vertrauen Sie Ihrer Intuition.*

2 *Bringen Sie alle Unausgewogenheiten, die Sie erspürt haben, wieder ins Lot. Bei ungeeignetem Boden müssen Sie die Pflanze umtopfen. Leiten Sie danach von den Wurzeln aufwärts Heilenergie in die Pflanze.*

3 *Visualisieren Sie eine leuchtende Energielinie, die in einem ununterbrochenen Kreislauf von Ihnen über die Wurzeln der Pflanze bis in ihre Blätter und wieder zu Ihnen zurück läuft. Tun Sie das so lange, bis Sie intuitiv spüren, dass die Pflanze genug Heilenergie aufgenommen hat.*

TOP TIPPS FÜR DIE MEDIALE GARTENPFLEGE

Lassen Sie es durch Ihre medialen Kräfte grünen und blühen. Projizieren Sie Nahrung in den Boden, vertreiben Sie Schädlinge, ziehen Sie Nützlinge an und generieren Sie positive Energie für Ihre Pflanzen.

Nahrung *Ein guter Boden bedeutet gesunde Pflanzen: Düngen Sie ihn mit selbst angesetztem organischem Kompost (wie, sagt jedes gute Gartenbuch). Visualisieren Sie beim Einarbeiten des Komposts, wie alles in Ihrem Garten grünt und blüht.*

Wasser *Viele medialen Gärtner energetisieren das Wasser vor dem Gießen. Schütten Sie es immer wieder von einem Gefäß in ein anderes, um es mit Prana aufzuladen, oder leiten Sie mit einem Kristall (Seite 112) Heilenergie hinein.*

Schädlingsbekämpfung *Bieten Sie Schnecken und anderem Ungeziefer ein Opfer an. Schließen Sie zum Beispiel einen Handel mit den Schneckengeistern, wonach sie einen bestimmten Anteil Ihres Obsts und Gemüses befallen dürfen, der Rest aber unbeschadet Ihnen zusteht.*

Gartenhelfer *Laden Sie Nützlinge wie Marienkäfer und Frösche ein, indem Sie um ihre Hilfe bitten. Sie halten den Schädlingsbefall in Grenzen und bewahren ihrem Garten ein dynamisches, gesundes Gleichgewicht.*

Stimmung *Schenken Sie allem in Ihrem Garten Liebe und Zuwendung, und sehen Sie deshalb regelmäßig nach, ob alles in Ordnung ist. Wenn Sie Ihren Meditationsplatz in den Garten verlegen, werden die positiven Energien besonders verstärkt.*

Heilen mit Kristallen

Wenn Sie sich besonders zu einem Kristall oder Edelstein hingezogen fühlen, sollten Sie dieses Empfinden nicht ignorieren. Womöglich haben Sie den idealen Partner zum medialen Heilen gefunden. Jeder Stein trägt die Energie der Zeit in sich, die er tief in der Erde verbracht hat, und wirkt beim Heilen nicht nur als ideale Konzentrationshilfe, sondern aktiv verstärkend.

In Museen, Esoterikläden und Mineralienhandlungen sind viele verschiedene Steine erhältlich, so dass man sich leicht von der großen Auswahl erdrückt fühlen kann. In der Praxis jedoch braucht man zum medialen Heilen nur einen einzigen Stein, der für seine Aufgabe programmiert und für nichts anderes benutzt wird. Ein klarer Bergkristall ohne Einschlüsse mit einer ausgeprägten einzelnen Spitze ist für die meisten Anwendungen ideal; Ihr Stein sollte gut in der Hand liegen. Auch Rohamethyst ist ein wunderbar aktiver Heilstein.

Haben Sie Ihren Stein gewählt, bereiten Sie ihn durch Verbinden mit Ihrer Energie (siehe rechts) auf das Heilen vor. Jetzt ist er einsatzbereit. Zum Heilen können Sie die schlichte, aber wirkungsvolle Technik auf der nächsten Seite anwenden. So werden Energiereserven wieder aufgefüllt, die durch Schmerz und Krankheit aufgezehrt waren, und zugleich die Selbstheilungskräfte des Behandelten angeregt.

Pflegen Sie Ihren Stein gut, und bewahren Sie ihn an geschützter Stelle auf. Reinigen Sie ihn regelmäßig (siehe rechts), um alle negativen Energien, die er aufgenommen haben könnte, zu entfernen.

Das Reinigen von Steinen

Kristalle speichern und verstärken Energien mehr als alle anderen Materialien, deshalb müssen sie regelmäßig gereinigt werden. Hier einige Vorschläge:

Halten Sie den Stein ein paar Minuten lang unter fließendes kaltes Wasser.

Legen Sie den Stein auf einem sauberen Teller (kein Plastik, am besten Porzellan) mehrere Stunden in die Sonne.

Visualisieren Sie einen klaren, hellen Lichtstrahl, der den Stein reinigt.

DEN STEIN AUFLADEN

Bevor Sie Ihren Kristall zum Heilen nutzen, müssen Sie seine latenten Energien aktivieren

1 *Waschen Sie Ihren Stein ausgiebig unter klarem, fließendem Wasser. Trocknen Sie ihn ab, und tragen Sie ihn mehrere Tage am Körper, um seine Schwingungen so gut wie möglich mit den Ihren in Einklang zu bringen. Am besten legen Sie ihn nachts außerdem unters Kopfkissen.*

2 *Setzen Sie sich zum Aufladen des Steins an einen ruhigen Ort, und entspannen Sie sich völlig. Halten Sie den Stein dabei in der Hand, und konzentrieren Sie sich darauf.*

3 *Schauen Sie tief in den Stein hinein, und leiten Sie dabei unter Anrufung des höchsten Gottes oder eines anderen Geistführers einen ununterbrochenen Strahl Heilenergie von der Basis bis zur Spitze in den Stein.*

4 *Dabei »pocht« der Stein in Ihrer Hand. Wenn Sie spüren, dass er vollständig programmiert ist, wickeln Sie ihn in ein sauberes weißes Baumwoll- oder Leinentuch und verwahren ihn sicher.*

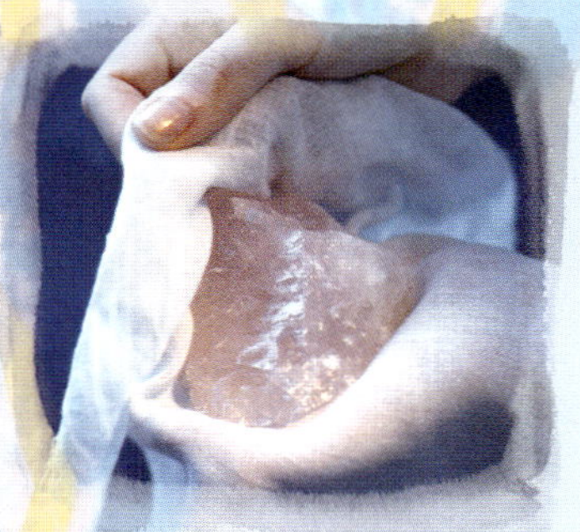

HEILEN MIT STEINEN

Diese Methode ist ideal zur Verbesserung des allgemeinen Wohlbefindens, unbedenklich und effektiv.

1 *Sorgen Sie dafür, dass sich der Empfänger der Heilung wohl fühlt und entspannen kann. Er sollte sich in einem angenehmen, ruhigen Raum hinlegen oder bequem setzen können.*

2 *Nehmen Sie Ihren Stein in die rechte Hand, und verbinden Sie sich gedanklich mit seinen Schwingungen, bis Sie ein Pochen in der Hand spüren.*

3 *Halten Sie den Kristall schräg etwa 30 cm über dem Kopf des zu Behandelnden, und führen Sie ihn langsam im Uhrzeigersinn um seinen Körper. Visualisieren Sie dabei einen pulsierenden »Energielaser«, den Ihr Stein aussendet. Wiederholen Sie das mehrfach, bis Sie den Behandelten vollständig mit einem heilenden Kraftfeld umgeben haben.*

4 *Wenn Sie spüren, dass eine Stelle besondere Heilung braucht, richten Sie die Spitze des Steins darauf. Leiten Sie so lange Energie hinein, bis Sie spüren, dass Sie weiter machen können.*

5 *Sie werden instinktiv wissen, wenn es genug ist. Geben Sie dann den Kristall in Ihre linke Hand, und visualisieren Sie, wie die Energie des Steins langsam wieder in ihn zurück fließt. Wie immer beim Heilen gibt es auch hier keine Erfolgsgarantie, aber mit zunehmender Übung werden Sie immer besser.*

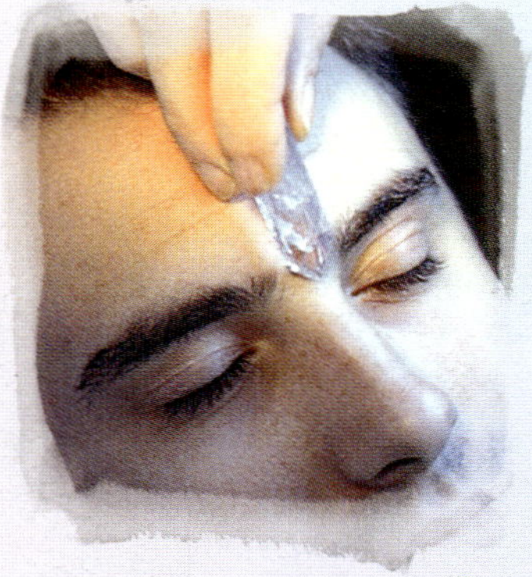

Sobald Sie im Umgang mit dem Kristall beim Heilen Sicherheit gewonnen haben, können Sie Ihr Repertoire um andere Edelsteine erweitern. Auch hier ist die Auswahl groß, Edelsteinhändler inserieren sogar in den meisten esoterischen Zeitschriften.

Wenn Sie sich zum Heilen mit Edelsteinen hingezogen fühlen, werden Sie bald feststellen, dass es Sie unweigerlich zu den Chakras führt. Sie reagieren deutlich auf die Schwingungen der verschiedenen Edelsteine und können, wie auf der nächsten Seite beschrieben, mit den richtigen Steinen energetisiert und geheilt werden. Die Chakras spielen für unser physisches, geistiges und spirituelles Wohlbefinden eine entscheidende Rolle und haben direkten Einfluss auf die Gesundheit der Aura. Jedes Chakra hat seine eigene Farbe, deshalb ist die Wahl des richtigen Steins wichtig. Lassen Sie sich bei der Auswahl Ihrer Chakra-Steine von Ihrer Intuition leiten, und nehmen Sie sich die Zeit, die Schwingungen der verschiedenen Arten ausgiebig zu erkunden. Berühren, erspüren Sie und wägen Sie ab. Irgendwann kommt der Stein, bei dem alles stimmt. Sie werden das instinktiv erkennen – fast ist es, als sagte der Stein: »Nimm mich!«

Das Kronenchakra

Für dieses Zentrum eignet sich ein klarer Quarz, ein tief violetter Amethyst oder ein intensiv lilafarbener Sugilith. Halten Sie den Stein über den Kopf.

Heilwirkungen *Lindert anhaltende Gefühle von Angst, Unsicherheit und Entfremdung.*

Das Kehlkopfchakra

Wählen Sie einen blauen Stein wie Saphir, Türkis, Lapislazuli, Aquamarin oder blauer Streifenachat. Legen Sie den Stein in die Kuhle am Halsansatz.

Heilwirkungen *Halsschmerzen, Husten und Schwellungen der Lymphdrüsen lassen nach.*

Das Solarplexuschakra

Hier passen goldfarbene Steine wie Citrin, Bernstein und gelber Topas. Sie werden unmittelbar über den Nabel gelegt.

Heilwirkungen *Therapieunterstützend bei Essstörungen wie Anorexie und Bulimie; lindert Belastungen des Magen-Darm-Trakts.*

Das Wurzelchakra

Wählen Sie erdfarbene Steine wie roten Jaspis oder ein rotbraunes Tigerauge. Geeignet ist auch ein schwarzer Kieselstein. Legen Sie den Stein auf das Ende der Wirbelsäule.

Heilwirkungen *Lindert Knochenschmerzen, Stress und Darmreizungen.*

Das Stirnchakra

Auf diesem Chakra wirkt das tiefe Indigo des Sodalith besonders gut. Legen Sie den Stein auf die Stelle zwischen den Augen.

Heilwirkungen *Hilft bei unspezifischem Kopfschmerz, Sehstörungen, Schlafstörungen und allgemeiner Nervosität.*

Das Herzchakra

Besorgen Sie einen grünen Stein wie Malachit, Moosachat oder Jade. Möglich sind auch rosafarbene Steine wie Rosenquarz oder Rhodonit. Legen Sie den Stein auf die Mitte der Herzgegend.

Heilwirkungen *Lindert Bronchitis, Asthma, Infektionen des Brustraums, Herzbeschwerden und emotionale Überreaktionen.*

Das Sakralchakra

Verwenden Sie hier das anregende Orange von Steinen wie Bernstein, Karneol, orangefarbenem Achat oder orangefarbenen Kieselsteinen. Legen Sie den Stein auf den Intimbereich.

Heilwirkungen *Gut bei Menstruationsbeschwerden, PMS, Unfruchtbarkeit und Impotenz.*

Heilen mit Klängen

Eine Mutter singt ihr Kind in den Schlaf und flüstert beruhigende, liebevolle Worte. Das Kind hat sich bereits in der Gebärmutter an ihre Stimme gewöhnt und reagiert mit gurrenden, gurgelnden Lauten, ein Bild innigster Harmonie. Dieses alltägliche Geschehen ist nur ein Aspekt der Macht des Klangs.

Diese Kraft ist seit Anbeginn der Zeit bekannt: »Im Anfang war das Wort.« Dieser Satz aus der Bibel (Johannes-Evangelium I,1) bezeichnet das Freiwerden einer erstaunlichen Energie, durch die die ganze Welt erschaffen wurde.

Auch Musik besitzt große mediale Kraft; in manchen Kulturen sagt man, jede Note repräsentiere ein Geistwesen. Der indische Musiker Ravi Shankar sagt, Gott sei Klang, und betrachtet Musik als einen spirituellen Weg zu göttlichem Frieden und Glückseligkeit.

Wenn Sie sich medial auf den Klang einstimmen, können Sie seine Heilkraft in sich hineinleiten. Musik als Meditationshilfe kann uns geistig stärken und erfrischen, und die Stimulation der Chakras durch Klang kann Unausgewogenheiten korrigieren, die zu Befindlichkeitsstörungen und Krankheiten führen.

DAS HERZ DER MUSIK

Begegnen Sie in dieser einfachen Meditation den heilenden Geistern in der Musik.

1 *Legen Sie Musik auf, die Sie mit tiefem innerem Frieden erfüllt, und versetzen Sie sich in einen ruhigen, meditativen Zustand (Seite 23). Konzentrieren Sie sich nun auf die Musik, und lassen Sie sich von ihr zu den höchsten spirituellen Ebenen tragen.*

2 *Gehen Sie tiefer in die Meditation und Kontemplation, und versetzen Sie sich in ein Gefühl der vollkommenen Einheit mit dem Kosmos.*

3 *Lassen Sie den Klang der Musik ins Bewusstsein dringen, bis er Teil Ihres eigenen Rhythmus wird. Stimmen Sie Ihr ganzes Wesen auf den Tanz der Melodie ein, und verbinden Sie sich dann mit den Geistern in der Musik.*

4 *Bitten Sie nun die Geister der Musik um Heilung, und öffnen Sie sich ihnen. Verweilen Sie in diesem Zustand, bis Sie sich erholt und neu belebt fühlen, und kehren Sie dann zu Ihrem normalen Bewusstsein zurück.*

EIN LIED FÜR IHRE CHAKRAS

1 *Konzentrieren Sie sich auf Ihren Atem, wie auf Seite 23 erklärt, und schließen Sie dann die Augen. Visualisieren Sie die rote, wirbelnde Scheibe Ihres Wurzelchakra. Richten Sie die Aufmerksamkeit auf die Mitte und lauschen Sie. Bald werden Sie intuitiv den Ton dieses Chakra wahrnehmen (jedes Chakra hat einen eigenen Ton, der von unten nach oben immer höher wird.)*

2 *Singen Sie den Ton, den Sie hören, und passen Sie ihn exakt der Schwingung Ihres Wurzelchakra an. Es ist ein satter Ton mit dem Klang »UU«*

3 *Konzentrieren Sie sich dann auf die orangefarbene Scheibe des Sakralchakra, stimmen Sie sich auf die Schwingung des Tons ein und singen Sie ihn auf ein dunkles »OO«.*

4 *Stellen Sie sich nun den strahlend gelben Kern des Solarplexuschakra vor. Lauschen Sie seinem Ton, und singen Sie ihn auf ein dunkles »AA«.*

5 *Gehen Sie nun zum grünen Zentrum des Herzchakra, warten Sie auf den Ton und singen Sie ihn als helles »AA«.*

6 *Konzentrieren Sie sich sodann auf das klare Himmelblau des Kehlkopfchakra. Stimmen Sie sich auf seinen Ton ein, und singen Sie ihn auf ein helles »ÄÄ«.*

7 *Führen Sie sich die Indigotiefen des Stirnchakra vor Augen, lauschen Sie seinem Ton und singen Sie ihn auf »II«.*

8 *Visualisieren Sie nun das reine Violett des Kronenchakra. Hören Sie aufmerksam hin, und singen Sie seinen Ton auf »I-UU«.*

9 *Konzentrieren Sie sich zum Abschluss wieder auf Ihr Herzzentrum, und summen Sie leise vor sich hin, bis Sie sich mit Ihrem gesamten Körper vollkommen im Einklang fühlen.*

Selbstheilung mit Farben

Wussten Sie, dass Farben sogar die Kraft haben, Ihren Atemrhythmus zu beeinflussen? Rotes Licht weckt die Aufmerksamkeit, erhöht den Blutdruck, regt die Gefühle an und treibt zum Handeln. Aufgehoben werden diese Reaktionen durch die beruhigende Wirkung von Blau.

Die therapeutische Kraft der Farbe lässt sich vielfach nutzen, am besten beginnt man damit in der eigenen Wohnung. Vom Einzimmerappartement bis zur Villa – eine umsichtige Farbwahl kann Ihr Zuhause in eine positive, heilsame Umgebung verwandeln.

Wenn Sie einen Bereich neu dekorieren möchten, können Sie mit einem Blick auf das Farbrad (rechts) erkennen, welche Stimmung eine Farbe hervorruft. Für einen besseren Schlaf könnten Sie zum Beispiel die beruhigende Wirkung eines zarten Grüntons im Schlafzimmer nutzen. Umgekehrt ist die fröhliche Energie von Rot ideal für belebte Räume wie zum Beispiel ein Spielzimmer für Kinder, während inspirierendes Sonnengelb sich im Arbeitszimmer hervorragend macht.

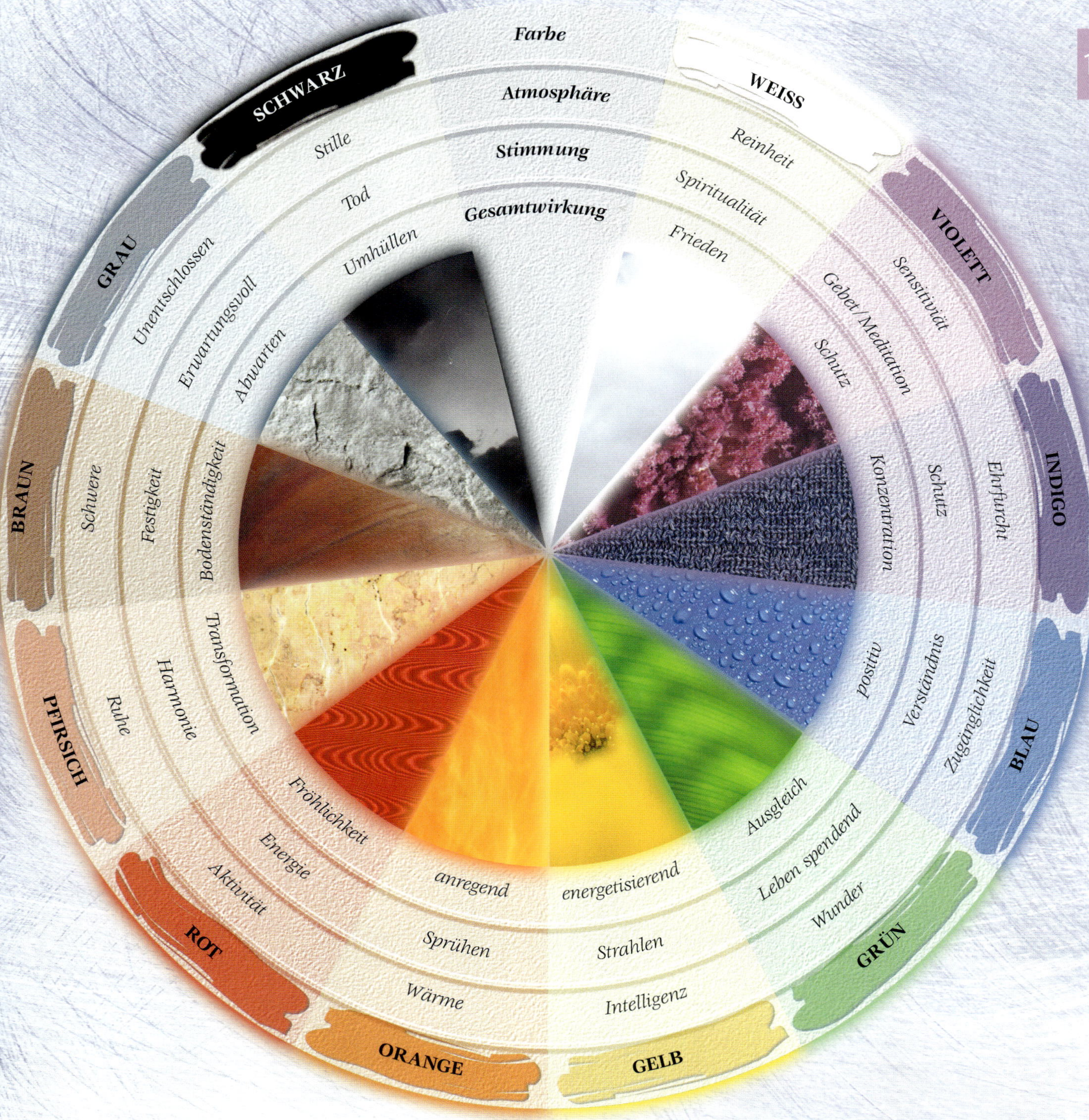
Farbe
Atmosphäre
Stimmung
Gesamtwirkung
SCHWARZ
Stille
Tod
Umhüllen
WEISS
Reinheit
Spiritualität
Frieden
VIOLETT
Sensitivität
Gebet/Meditation
Schutz
INDIGO
Ehrfurcht
Schutz
Konzentration
BLAU
Zugänglichkeit
Verständnis
positiv
GRÜN
Wunder
Leben spendend
Ausgleich
GELB
Intelligenz
Strahlen
energetisierend
ORANGE
Wärme
Sprühen
anregend
ROT
Aktivität
Energie
Fröhlichkeit
PFIRSICH
Ruhe
Harmonie
Transformation
BRAUN
Schwere
Festigkeit
Bodenständigkeit
GRAU
Unentschlossen
Erwartungsvoll
Abwarten

Im innersten Kern Ihres Wesens, tief in den Chakras, wirkt bereits die Energie der Farben. Die beste Methode zum Erhalt des geistigen, emotionalen und spirituellen Gleichgewichts besteht darin, wie auf Seite 31 beschrieben, Farbe in die Chakras zu atmen. Praktizieren Sie diese Übung regelmäßig mit Hilfe der Farbtafeln auf den Seiten 122-137, um Ihre Aura ausgeglichen und gesund zu erhalten.

Es mag aber Zeiten geben, in denen Sie Farbe im Hinblick auf ein bestimmtes Problem direkter nutzen möchten. So können Sie sich zum Beispiel in einen Kreis therapeutisch wirksamer Farbe hüllen (rechts) oder farbiges Licht in Ihren Körper leiten wie gegenüber erklärt. Jede Farbe hat bestimmte Heilwirkungen, und mit Hilfe dieser Techniken können Sie verschiedene Beschwerden, darunter Arthritis, hohen Blutdruck, nervöse Erschöpfung und Angstzustände, ganz gezielt angehen.

WIE FARBEN HEILEN

Farben brauchen unterschiedlich lange, bis Sie wirken. Die hier angegebenen Zeiten sind Grenzwerte, die nicht überschritten werden sollten.

Rot
7 Minuten

Energetisiert, regt den Kreislauf an, erhöht den Blutdruck. Gut bei Ischias. Gegenanzeige: Bluthochdruck.

Orange
10 Minuten

Fördert Verdauung und Stoffwechsel. Gut bei Rheuma, Krämpfen, Spasmen und Asthma.

Gelb
12 Minuten

Regt Nervensystem, Leber, Bauchspeicheldrüse und Nieren an. Bei Verstopfung und Arthritis.

DER HEILENDE FARBKREIS

Hüllen Sie sich in heilende Farbe, und lindern Sie Beschwerden.

1 *Suchen Sie sich aus der Liste der Farben und ihrer Heilwirkungen (unten) die passende aus. Bei Stress zum Beispiel könnte Grün helfen.*

2 *Legen Sie sich bequem hin, die Arme neben dem Körper, und entspannen Sie sich mit Hilfe der Atemübung auf Seite 23.*

3 *Visualisieren Sie einen leuchtenden Kreis Ihrer gewählten Farbe um sich herum und konzentrieren Sie sich auf Ihr Herzzentrum. Atmen Sie die Farbe ins Herzchakra, und visualisieren Sie ein paar Minuten lang, wie sie durch Ihre Aura zirkuliert.*

4 *Wenn Ihnen das gut tut, können Sie die Farbe weiter zirkulieren lassen. Meist reichen 10-20 Minuten aus.*

BEHANDLUNG MIT FARBIGEM LICHT

Senden Sie mit farbigem Licht heilende Energie in Ihren Körper.

1 *Suchen Sie sich aus der Farbliste unten die Farbe aus, die Sie brauchen. Bei Verdauungsstörungen etwa kann Orange helfen.*

2 *Schrauben Sie eine Birne in der entsprechenden Farbe in eine Schreibtischlampe, oder spannen Sie ein passendes durchscheinendes Papier davor. Stellen Sie die Lampe auf den Boden, und schalten Sie sie an.*

3 *Setzen Sie sich ohne Schuhe und Strümpfe mit ausgestreckten Beinen auf den Boden. Ihre Füße sollten etwa 45 cm von der Lampe entfernt sein. Richten Sie den Lichtstrahl auf die Mitte einer Fußsohle, so kann das Licht optimal in Ihren Körper einströmen.*

4 *Behandeln Sie beide Füße unter Beachtung der Zeitangaben in den Farbfeldern unten.*

Grün
15 Minuten

Sorgt für geistigen und körperlichen Ausgleich und wirkt ausgezeichnet bei Stress. Überschreiten des Richtwerts regt das Herz zu stark an.

Türkis
15 Minuten

Belebend und beruhigend, stärkt Immun- und Nervensystem. Lindert Entzündungen und Ekzeme.

Blau
15 Minuten

Ausgezeichnete allgemeine Heilfarbe. Senkt den Blutdruck und fördert das gesunde Zell- und Gewebewachstum.

Violett
15 Minuten

Verbessert die geistige Stabilität, reinigt den Körper und hebt das Selbstwertgefühl. Ideal zur Behandlung bei Schock.

Dynamisches Rot

Die warme, lebensbejahende Kraft des Rot beeinflusst uns auf einer ganz ursprünglichen Ebene. Seine Energie strömt durch unseren Körper ins Blut und aktiviert das Wurzelchakra, das spirituelle Zentrum, das mit dem Erdkern verbunden ist. Tief im Innern der Erde befindet sich eine ungestüme, glühende Energie; aus ihr rührt unser Lebenswille. Deshalb hebt Rot die Stimmung und regt das Blut an; außerdem kann es große emotionale Intensität schaffen, von wehrhaftem Beschützen über Leidenschaft und Aggression bis zu plötzlichen Gewaltausbrüchen.

Rotnuancen

Rot können wir in seiner stärksten, klarsten Form aufnehmen, die Nuance aber hängt davon ab, was mit uns los ist. Das spiegelt sich in der Aura: Helles Rot zeigt unsere spontane, verspielte Seite, tiefe, satte Nuancen stehen für Mut, Ausdauer und starke Gefühle. Ein erkennbar dunkler oder schmutziger Ton signalisiert gefährlich blockierte Frustrationsenergie.

Für Ausgewogenheit sorgen

Unausgewogenes Rot spiegelt sich nicht nur in der Aura, zuweilen läuft man vor Wut oder Enttäuschung buchstäblich »rot an«. Ein Schock, eine Niederlage oder ein Trauma laugen unseren Vorrat an Lebensenergie drastisch aus. Solche extremen Zustände können Sie durch die Übung zur Harmonisierung der Chakras auf Seite 31 ausgleichen. Visualisieren Sie, wie Ihr Wurzelchakra vor reiner roter Energie erglüht. Lassen Sie sich dazu von dem Bild rechts inspirieren.

Heilen mit Rot

Geistheiler verwenden Rot zur Erhöhung des Blutdrucks, zur Steigerung der Energie und zur Linderung von Muskel- und Gelenkschmerzen. Sind Ihre Nebennieren durch Stress stark überbeansprucht und fühlen Sie sich völlig erschöpft und ausgelaugt, bringt Rot Sie wieder auf die Beine.

Fröhliches Orange

Der warme Schein im Innern einer Flamme ist ein perfektes Abbild der fröhlichen Energie des Orange. Sie aktiviert Ihr Sakralchakra und drückt sich in einer unbeschwerten, instinktiven Liebe zum Leben aus. Die Energie des Orange regt die Freude an Essen, Musik, Tanz und Sex an und fördert ein tiefes Gefühl des Wohlbefindens, des Glücks und der Fülle.

Orangenuancen

Reines, klares Orange in der Aura ist ein positives Anzeichen für Energie, Optimismus, Phantasie, Zielstrebigkeit und Entschlossenheit. Entsprechend Ihrem Erleben tauchen unterschiedliche Nuancen auf. So deutet ein heller, orangegelber Ton auf einen hoch kreativen Geist, während ein rötliches Orange vom anderen Ende der Farbskala Verwirrung, Unentschlossenheit, Gerissenheit und unterdrückte Gefühle widerspiegeln kann. Eine sehr dunkle oder schmutzige Nuance weist auf unkontrollierte Maßlosigkeit hin.

Für Ausgewogenheit sorgen

Ist Ihr Orange ernstlich aus dem Gleichgewicht geraten, zeigt sich das in den Nuancen dieser Farbe in der Aura, aber auch in Ihrem Verhalten. Bei zu viel Orange sind Sie ewig unzufrieden, wollen immer noch mehr: Essen, Besitz, Sex oder Geld. Bei zu wenig wurde Ihre Lebensfreude durch extreme Entbehrungen getrübt, was zu Vitalitätsverlust und Depressionen führen kann. Stellen Sie die Gesundheit Ihrer Aura mit Hilfe der Übung zur Harmonisierung der Chakras auf Seite 31 wieder her, und lassen Sie sich dabei vom Bild auf der nächsten Seite inspirieren.

Heilen mit Orange

Orange ist eine ausgesprochene Wohltat für die Fortpflanzungsorgane und lädt Ihre Batterien wieder auf, wenn Sie müde, gestresst oder krank sind. In der richtigen Dosis ist es außerdem ein natürliches Korrektiv, das Ihnen anzeigt, wenn Sie »genug haben«, und so Ihre Gesundheit und Vitalität wieder herstellt.

Erleuchtendes Gelb

Gelb, die Farbe des Solarplexuschakra, dem Sitz von Handlungsfähigkeit, Selbstwertgefühl und Erfolgsstreben, ist auch die Farbe der Sonne und mithin des Strahlens, der Offenheit, Klarheit und Wärme. Gelb entfaltet eine zweifache Kraft: Auf der physischen Ebene sorgt es für körperliches Wohlbefinden, auf der intellektuellen fördert es klares Denken, offene Kommunikation, Analytik, Logik, Urteilsvermögen und Intelligenz. Gelb kann uns das Selbstvertrauen geben, das wir brauchen, um unsere Ideen zu verwirklichen, allerdings auch Verwirrung stiften, weil wir plötzlich allzu viele Möglichkeiten entdecken.

Gelbnuancen

Helles, strahlendes Gelb in der Aura spiegelt unsere sonnige Seite. Ein sehr heller Gelbton deutet auf mystisches Denken, dumpfes Gelb hingegen auf verworrene, unklare oder phantasielose Ideen. Es könnte auch ein Hinweis sein auf Heimlichtuerei und Unehrlichkeit.

Für Ausgewogenheit sorgen

Zeigt Ihre Aura viele negative Aspekte von Gelb, hat Ihr Selbstwertgefühl wahrscheinlich einen Tiefstand erreicht. Möglicherweise haben Sie Selbstvertrauen, Mut, den Sinn für Humor und das Selbstwertgefühl verloren. Ihr inneres Gleichgewicht können Sie mit Hilfe der Übung zur Harmonisierung der Chakras auf Seite 31 wieder herstellen. Atmen Sie die frische, klare Energie reinen Gelbs in Ihr Solarplexuschakra, und lassen Sie sich dabei von der Abbildung auf der nächsten Seite inspirieren.

Heilen mit Gelb

Geistheiler regen mit Gelb die Verdauung an und fördern die Umwandlung von Giftstoffen in Leber und Gallenblase; seine sanft anregende Wirkung kann außerdem ein angegriffenes Nervensystem stärken und beruhigen und damit wieder klares Denken ermöglichen. Auf der emotionalen Ebene stellt es Selbstwertgefühl und Lebensfreude wieder her.

Belebendes Grün

Die besänftigende Kraft von Grün bringt Ruhe und Harmonie in unseren innersten Wesenskern. Grün ist die Farbenergie, die vom Herzchakra ausstrahlt, wo es unsere Liebesfähigkeit sowie Mitgefühl und Selbstzufriedenheit prägt. Die Farbe der Natur bringt uns in entspannten, heilsamen Kontakt mit unserer Umwelt, aber wie in der Natur kann sie ebenso gut Stagnation und Verfall und damit abstoßende Gefühle wie Eifersucht und Groll bedeuten.

Grünnuancen

Ein klares, leuchtendes Grün in der Aura ist Anzeichen für ein gesundes Urteilsvermögen, Anpassungsfähigkeit und Ausgeglichenheit; ein sehr heller Farbton deutet auf Spiritualität, Heilkräfte und ausgeprägtes Mitgefühl. Ist jemand aber »Grün vor Neid«, drückt sich dies in einer dunklen oder ins Olive spielenden Nuance aus. Ein schmutziges oder stumpfes Grün zeigt Gerissenheit, Täuschung, emotionale Entbehrungen und Heimlichtuerei, Gelbgrün ein besitzergreifendes Wesen, Graugrün Depressionen.

Für Ausgewogenheit sorgen

Ohne gesunde Grünanteile in der Aura könnten Sie buchstäblich »grünlich um die Nase« werden. So ausgelaugt und schlapp Sie sich fühlen mögen, die Kraft des reinen, frischen Grün kann Ihnen helfen, Körper und Geist zu entgiften. Harmonisieren Sie dazu Ihre Chakras wie auf Seite 31 beschrieben, und lassen Sie sich von dem Bild auf der nächsten Seite inspirieren, wenn Sie die anregende Energie von Grün in Ihr Herzchakra atmen.

Heilen mit Grün

Grün hat eine stark aufbauende Energie, die Herz und Blutdruck reguliert, Lungen und Brust heilt und für die Ausscheidung von Giften sorgt. Als entspannendste aller Farben beruhigt Grün überbeanspruchte Nerven nach großen Belastungen; außerdem unterstützt es den Kreislauf und fördert Ausgeglichenheit und Harmonie.

Inspirierendes Blau

Die kühle, ruhige Kraft des Blau verbindet uns mit der unendlichen Weite des Himmels und des Meeres; sie weckt unsere Spiritualität, unsere Fähigkeit zur Hingabe und ein Gespür für das Heilige. Blau ist auch die Farbe des Kehlkopfchakra, des Zentrums der Kommunikation. Aktiviert regt dieses Chakra dazu an, im Geist der Wahrheit zu sprechen. Blau ist eine enorm weitreichende Kraft, die sich in einer unabhängigen Persönlichkeit, einem abgehobenen Idealisten, ebenso gut aber auch im anderen Extrem, einem zutiefst emotionalen Menschen ausdrücken kann, der sich oft von starken Gefühlen überwältigt fühlt.

Blaunuancen

Klares Himmelblau in der Aura ist ein Indiz für Selbstvertrauen und geistige Klarheit; Türkis steht für Gelassenheit, und ein zarter, heller Blauton zeigt die Hingabe an ein Ideal. Ein sehr blasses Blau deutet auf oberflächliches Denken. Dunklere Schattierungen können auf Niedergeschlagenheit nach lang anhaltender Traurigkeit oder eine längere schwere Depression hinweisen. Manche Dunkelblaunuancen sind jedoch sehr positiv – so ist Nachtblau Anzeichen einer ausgeprägten Intuition und Marine ein Hinweis auf funktionierende Schutzenergien.

Für Ausgewogenheit sorgen

Wenn die negativen Aspekte von Blau Ihnen zu schaffen machen, kann Ihr Vertrauen ins Leben erschüttert sein, vielleicht haben Sie die Perspektive verloren. Durch die Übung zur Harmonisierung der Chakras auf Seite 31 können Sie dem entgegenwirken. Nehmen Sie die Abbildung gegenüber zu Hilfe, und stellen Sie die Effektivität Ihres Kehlkopfchakra wieder her, indem Sie die strahlende Energie des reinen Blau einatmen.

Heilen mit Blau

Blau lindert ausgezeichnet Schmerzen. Geistheiler regen damit die Selbstheilungskräfte an. Seine kühlende Wirkung unterstützt die Behandlung von Beschwerden der Schilddrüse, in Mund und Rachen sowie bei Fieber. Mit Blau heilt man außerdem spirituelle und emotionale Traumata, weil es ein Gefühl des Friedens und der Ruhe schafft.

Visionäres Indigo

Das hypnotische Nachtblau des Indigo hat transformierende Wirkung auf Körper und Seele. Es ist das Zeichen des wahren Mystikers und die Farbe des Stirnchakra. Dieses mediale Zentrum fördert die Hellsichtigkeit und erweitert den medialen Blick, so dass nun Vergangenheit, Gegenwart und Zukunft in einem Bild erkennbar werden. Weil Indigo die rechte Gehirnhälfte stimuliert, regt es die kreative Phantasie an, vertieft die Intuition und vermittelt die heitere Zuversicht, die Wahrheit zu kennen. Dieselben Eigenschaften aber können uns auch zum isolierten Einzelgänger machen, der nur schwer mit anderen kommunizieren kann.

Indigonuancen

In der Aura treten häufig violette oder lilafarbene Indigoschattierungen auf. Alle verbinden uns mit höheren Bewusstseinsebenen und fördern ein wunderbares Gefühl des Friedens und der spirituellen Harmonie. Ein Übermaß an Indigo in der Aura kann allerdings auch Probleme bereiten. Menschen mit mystischen Neigungen werden oft missverstanden, was zu Isolierung und Einsamkeit führen kann.

Für Ausgewogenheit sorgen

Womöglich gehen Sie ganz in medialen Visionen auf. Isolierung und Einsamkeit können die Folge sein und sollten als Warnhinweise verstanden werden, die beachtet werden müssen. Durch die Übung zur Harmonisierung der Chakras auf Seite 31 gewinnen Sie wieder Boden unter den Füßen, ohne den Kontakt zu Ihrem Höheren Selbst zu verlieren. Lassen Sie sich vom Bild gegenüber inspirieren, integrieren Sie Indigo in Ihr Wesen und genießen Sie die Freuden des Alltags.

Heilen mit Indigo

Indigo wirkt stark beruhigend und sogar leicht anästhetisch. Geistheiler behandeln damit mentale Störungen, da es den Kopf frei macht. Sind Ihre Nerven zum Zerreißen gespannt, bringt Indigo die Rettung und stellt das innere Gleichgewicht wieder her.

Mystisches Violett

Der edelsteinähnliche Glanz von reinem Violett steht für eine transzendierende Bewusstseinsebene, die aus dem Wunsch heraus entsteht, die ewige Wahrheit zu kennen. Sie deutet auf ein erleuchtetes Denken und eine tiefe Verbindung mit der geistigen Welt. Diese klassische Königsfarbe tragen Fürsten, Bischöfe und Päpste als Zeichen einer Macht, die über das Zeitliche hinausreicht. Außerdem ist es die Farbe des Kronenchakra, unseres medialen Zentrums, das uns mit Wissen aus den tiefsten Quellen spiritueller Weisheit verbindet.

Violettnuancen

Wo Violett in der Aura erscheint, ist es meist kräftig und hell ohne alle negativen Aspekte. Auch ein dunkler Ton ist nicht problematisch, ganz im Gegenteil, er deutet auf eine fast vollkommene Verbindung zum Göttlichen. Von Violett dürfen Sie sich ruhig geradezu magnetisch angezogen fühlen, solange Sie sich deshalb nicht für einen erhabenen Geist halten und den Anforderungen des Alltags entziehen.

Für Ausgewogenheit sorgen

Ein Übergewicht an Violett in der Aura ist höchst ungewöhnlich – manche Menschen haben sogar nur sehr geringe Violett-Anteile. Das kann zu völliger Abgestumpftheit führen, als habe das Leben über das rein Physische hinaus keinen Sinn. Mit der Übung zur Harmonisierung der Chakras auf Seite 31 können Sie ein gesundes Quantum Violett in Ihre Aura integrieren. Atmen Sie zum Beispiel mit Hilfe der Abbildung auf der nächsten Seite Violett in das Kronenchakra, und bewahren Sie sich damit eine harmonische Verbindung zu Ihrem Höheren Selbst.

Heilen mit Violett

Violett beruhigt Gehirn und Nerven und hilft beim Lösen irrationaler Obsessionen und Neurosen. Geistheiler verwenden es zur Behandlung von Traumata nach einem Schock oder emotionaler Verwirrung. Violett wirkt beruhigend auf Ausschläge und Sonnenbrand sowie Epiphyse und Augen, außerdem ausgleichend auf den Stoffwechsel. Darüber hinaus ist es ein wirksamer medialer Schutz.

Reinigendes Weiß

Die stille Anmut frisch gefallenen Schnees ist das perfekte Sinnbild der Schönheit und Ruhe von Weiß, der Farbe des vollständig erwachten Geistes. Seine reine, pure Energie erweitert den Geist zu einem leuchtenden Strom weißen Lichts und verbindet uns über das Kronenchakra mit den höchsten Bewusstseinsebenen. Diese Erfahrung vermittelt höchste spirituelle Erlösung und Befreiung und ein unendlich friedvolles Gefühl der Distanz zu aller emotionalen Verwirrung und allem rationalen Durcheinander.

Weißnuancen

Weiß sieht man in der Aura nur höchst selten, denn es steht für das vollkommen erleuchtete Wesen. Wo aber Weiß erscheint, geht es meist vom Scheitelpunkt des Kopfes aus und ist Anzeichen dafür, dass der Mensch Inspiration aus einer hohen geistigen Quelle erhält. Dabei wird reines Licht aus dem Kosmos in die Aura geleitet, bis es sie ganz durchdringt und heller strahlen lässt.

Für Ausgewogenheit sorgen

Die Verbindung mit Weiß ist eine perfekte Methode der Reinigung von Körper, Seele und Geist. Konzentrieren Sie sich auf den Atem wie auf Seite 31 geschildert, und verbinden Sie sich dann in Gedanken mit der höchsten Quelle spiritueller Energie. Lassen Sie sich von dem Bild gegenüber inspirieren, und visualisieren Sie weißes Licht, das in Ihr Kronenchaka einströmt und als leuchtender Energiestrahl alle Chakras durchdringt. Mit jedem Atemzug dehnt sich dieses Licht immer weiter in Ihrer Aura aus. Visualisieren Sie zum Abschluss ein goldenes Band um Ihre Aura, um die aufgenommene Energie darin zu versiegeln.

Heilen mit Weiß

In tiefster Verzweiflung kann Weiß große Heilkraft entfalten. Es reinigt die Gedanken, ermöglicht besonnenes Überlegen und erschließt eine umfassendere, gesündere, spirituelle Perspektive. So können wir akzeptieren, was außerhalb unserer Macht liegt und zugleich darauf vertrauen, dass nichts unseren Geist vernichten kann.

5

DIE BEGEGNUNG MIT GEISTERN

Haben Sie das Zeug zum Schamanen?

Schamanen sind große Heiler und weise Hellsichtige; es gibt sie in vielen Kulturen von den Ureinwohnern Amerikas bis zu den australischen Aborigines. Die meisten Schamanen schreiten durch ein Tor in die »Anderswelt« der Geister. Hier können Sie mit den Ahnen sprechen und ihre Hilfe erbitten. Schamanen begeben sich an einem heiligen Ort in Trance, meditieren und verbinden sich direkt mit der Energie der Erde.

Wenn Sie eine ungewöhnlich starke Affinität zu Pflanzen und Tieren verspüren, könnte der Schamanismus das Richtige für Sie sein. Ihre Nähe zur Natur macht Sie zum Helfer derer, die Ihnen nahe sind. Sie »wissen« einfach, was Ihren Lieben gut tut und was ihnen schadet. Durch regelmäßige Verbindung mit den Pflanzengeistern (siehe Seite 58) können Sie das Band zur Natur stärken. Schaffen Sie sich außerdem Ihren eigenen heiligen Platz (siehe unten). In diesem persönlichen Heiligtum könnten Sie zum ersten Mal Ihrem »wahren Selbst« begegnen und ein neues Gefühl der Verbundenheit mit der Welt um Sie herum entwickeln. Das innere Schöpfen aus dem Schatz uralter Weisheit ist im Schamanismus ebenso wichtig wie das äußere Helfen.

DER HEILIGE PLATZ

Erleben Sie an Ihrem eigenen heiligen Platz, was Schamanismus bedeutet. Von diesem »Basislager« aus können Sie mit allen Sinnen Kontakt zum Wesenskern Ihrer geheimen inneren Welt aufnehmen.

1 *Konzentrieren Sie sich auf Ihren Atem (Seite 23). Rufen Sie gedanklich das Bild eines Ortes in freier Natur wach, an dem Sie sich wohl und geborgen fühlen – ein Bach, ein Wald, ein Flussufer oder Ihr Lieblingsplatz im Garten.*

2 *Visualisieren Sie sich an diesem Ort. Spüren Sie den Boden unter Ihren Füßen und die Luft auf Ihrer Haut. Erkunden Sie Ihre Umgebung mit wachen Sinnen – Bäume, Blumen, Sand, Steine, glitzernde Meeresgischt, grasbewachsene Flussufer, was immer da ist.*

3 *Lassen Sie sich Zeit, und nehmen Sie den Geist dieses besonderen Ortes in sich auf, bis Sie mit allen Poren seine Atmosphäre aufnehmen.*

4 *Nehmen Sie nun Ihren Atem zu Hilfe: Halten Sie das Bild beim Einatmen fest, und lassen Sie es bei jedem Ausatmen ausdrucksvoller und lebendiger werden; beobachten Sie die wallenden Nebel, die dabei entstehen.*

5 *Wenn Sie sich mit dieser Vision völlig im Einklang fühlen, lösen Sie sich in den Nebeln auf. Kehren Sie danach in Ihre Alltagswelt zurück.*

6 *Wiederholen Sie dieses Verbinden so oft, dass es so einfach wird wie der Schritt vor die Haustür. Mit der Zeit entfaltet Ihr heiliger Platz ein Eigenleben –Blumen und Bäume wachsen und durchlaufen alle Zyklen des Lebens.*

DER SPIRALWEG

Ein Schamane muss den »Spiralweg« gehen, eine mediale Initiation, die Einblick in die Mysterien der inneren und äußeren Welten gibt. Mit derselben Haltung können Sie ein Labyrinth begehen, um persönliche Erkenntnis zu gewinnen.

Die Reise ins Zentrum

Der Weg nach innen zum Zentrum oder Herzen ist der Weg des Selbst. Wer ihn begeht, begegnet unterwegs Angst und Schmerz und versucht sie zu besiegen; erfährt Hoffnung und Freude und trifft auf den Schatten oder die dunklen Seiten seiner selbst. Nur so ist völlige Selbstakzeptanz möglich.

Der Weg zum äußeren Rand

Der umgekehrte Weg führt nach außen in die Welt. Hier kommt der Schamane in Kontakt mit der Erde. Ziel ist es, den geheimen Geistern in allem Lebendigen zu begegnen und das ganze »Netz des Seins«, gewoben aus einem Strom unendlicher Energie, zu sehen.

Völliges Verschmelzen

Auf dieser medialen Reise sind Sie den dunklen Aspekten Ihrer selbst und wahrscheinlich auch seltsamen Geistwesen begegnet. Der Lohn am Ende des Wegs ist das Erlebnis des »Aufgehobenseins« – des Verschmelzens mit den unendlichen schwingenden Energien des Universums.

Kontakt mit den Geistern Verstorbener

In der Hektik des Alltags bleibt oft nicht viel Zeit zum Nachdenken über andere Daseinsebenen. Das kann sich allerdings ändern, wenn jemand stirbt, der uns nahe steht. Dann fragen wir uns, was mit dem menschlichen Geist nach dem Tod geschieht. Medial erfahrene Menschen gehen zumeist davon aus, dass die Verstorbenen sich in die Astral- oder Geistwelten begeben. Vielleicht sind Sie dort sogar selbst schon einmal im Traum oder während einer Astralreise (Seite 72) dem Geist eines geliebten Menschen begegnet. Auch Menschen mit so genannten »Nahtoderlebnissen« behaupten, dort gewesen zu sein.

Nicht immer aber sind solche Besuche einseitig – umgekehrt kann auch ein Geist beschließen, uns zu besuchen. Manche sind sogar überzeugt, dass man einem Geist nicht »befehlen« kann, hierher zu kommen, sondern dass der Geist selbst über die Kontaktaufnahme entscheidet. Berichte von Begegnungen mit geliebten Menschen kurz nach deren Tod sind recht häufig. Man kann sie selbstverständlich als ganz natürlich abtun und nicht weiter hinterfragen.

Andererseits kann so etwas aber auch die Neugier wecken, was nach dem Tod ist, womöglich sogar den drängenden Wunsch, mit Geistern auf der Astralebene in Kontakt zu kommen. In diesem Fall sollte

Insiderinformation MEDIUM

Aufgabe des Mediums *ist es, den Kontakt zu den Geistern Verstorbener herzustellen, die sich jetzt in der Astral- oder Geistwelt befinden. Das Medium tut dies meist für Klienten, die einen ihnen nahe stehenden Menschen verloren haben.*

Kontakt mit lieben Verstorbenen *kann sehr tröstlich sein. Vielleicht war der Verstorbene am Ende zu schwach, um sich verständlich zu machen oder zu verabschieden, oder es war den Angehörigen nicht möglich, ihn noch einmal zu sehen. So können beide eine abgebrochene Verbindung wieder aufnehmen und Unerledigtes klären.*

Medien sprechen Geister *in erster Linie durch Vermittlung von Geistführern an, die sie kennen und denen sie vertrauen. Der Geistführer stellt den Kontakt her, aber nur, wenn der Geist es wünscht.*

Der Geist eines Verstorbenen *kann dem Medium höchst lebendig erscheinen, als sei er im selben Raum. Manchmal ist er sogar so deutlich spürbar, dass das Medium den Verstorbenen realistisch beschreiben kann. Auch ein direktes Gespräch zwischen Medium und Geist ist möglich.*

man sich unbedingt einen erfahrenen Führer suchen. Auch Menschen mit einer angeborenen Begabung zum Kontakt mit Geistern können dabei nahezu unmerklich in Grenzbereiche voller Illusion und Täuschung geraten. Lesen Sie sich erst gründlich ein, und konsultieren Sie eine angesehene esoterische Gemeinschaft, ein ausgebildetes Medium oder besuchen Sie ein seriöses Seminar dazu.

Schritte zur Meisterschaft als Medium

Ein Seminar unter Leitung eines kompetenten Mediums oder Lehrers ist die ideale Umgebung für die Arbeit an einer solchen Begabung. Durch Stille und Meditationsübungen werden die Teilnehmer für die Strömungen in der Geistwelt empfänglicher. Der Lehrer arbeitet mit Ihnen an der Entwicklung der Hellsichtigkeit (Seite 90), Hellhörigkeit (Stimmen hören) und Hellfühligkeit (Seite 58) – Fähigkeiten, die Sie brauchen, wenn Sie sich Geistern als Medium zur Verfügung stellen wollen.

DAS OUIJABOARD

Viele versuchen, allein oder in der Gruppe, mit Hilfe eines Ouijaboards Kontakt zu Verstorbenen aufzunehmen. Das ist ein Holzbrett mit Buchstaben und Zahlen und einem beweglichen Zeiger, der die Antworten des Geistes buchstabiert. Zwar gilt das Ouija meist als unterhaltsames mediales »Spiel«, zuweilen aber flößt es Angst ein, weil es häufig niedere Geister anzieht. Sie halten die Fragenden gern mit Schreckensnachrichten auch über Tod oder Krankheit zum Narren. Am besten ruft man beim Gebrauch des Ouija nur die höchsten und wohlwollendsten Geister an, bevor man Fragen stellt. Eine andächtige Meditation zu Beginn der Sitzung schafft die beste Atmosphäre.

Verbindung zum Geistführer aufnehmen

Haben Sie sich schon einmal gefragt, ob Sie vielleicht die Kommunikation mit einem Wesen aus der Geistwelt aufnehmen könnten? Das ist durchaus möglich, leichter wird es allerdings durch die Hilfe eines Geistführers. Denn leider kann ein solches Unterfangen schnell in die Irre führen. Zwar gibt es genügend Häuptlinge, kosmische Brüder aus fernen Galaxien oder berühmte historische Persönlichkeiten, die alle bereits als die einzig wahren Geistführer angepriesen wurden, die tröstliche Wahrheit ist jedoch, dass ein Geistführer oder Mentor keine bestimmte Identität vorzugeben braucht. Tatsächlich sind die besten Geistführer am wenigsten »personifiziert« und tragen oft noch nicht einmal einen Namen. Mangelnde Persönlichkeit eines Geistführers ist sogar ein Hinweis auf eine wirklich echte Kraft. Authentische Mentorengeister greifen nie in das Alltagsleben eines Menschen ein. Kein wohlmeinendes Wesen würde Ihnen sagen, was Sie tun sollen. Ein Führer soll bedingungslosen Rat erteilen. Außerdem kann er durch seine weise und behutsame Anleitung den Kontakt mit der Geistwelt erleichtern.

Mit der Methode auf der nächsten Seite können Sie unbedenklich mit einem Geistführer Kontakt aufnehmen, solange Sie ihn im Vertrauen und guten Willen anrufen. Wenn Sie das lieber in der Gruppe machen möchten, besuchen Sie ein seriöses Seminar.

Sind die Botschaften echt?

Anhand der folgenden Aussagen können Sie die Authentizität des Geistes, mit dem Sie es zu tun haben, rasch überprüfen. Können Sie Folgendes bejahen?

Es entsteht eine Atmosphäre der Liebe und Weisheit.

Auch außerhalb ihres Kontextes ergeben die Antworten einen Sinn.

Die erhaltene Information wirkt inspirierend und regt zum weiteren Nachdenken an.

Spiegelt allerdings die folgende Liste Ihre Erfahrungen mit dem Geist eher wider, sollten Sie Ihre Informationsquelle nicht ernst nehmen.

Die erhaltenen Botschaften betreffen persönliche Angelegenheiten.

Der Geistführer hat einen beeindruckenden Namen.

Der Geistführer gibt konkrete Handlungsanweisungen.

Er oder sie sagt, Sie seien etwas Besonderes.

MIT GEISTERN SPRECHEN

Verbinden Sie sich durch diese Übung mit der Geistwelt. Bitten Sie einen guten Freund, die Worte aufzuzeichnen, die Sie empfangen.

1 *Entspannen Sie sich mit Hilfe der Übung auf Seite 23, und atmen Sie weiter, bis Sie sich völlig ausgeglichen fühlen.*

2 *Sprechen Sie nun in tiefer Meditation Ihren Wunsch aus, mit den höchsten Kräften des Guten verbunden zu werden. Bitten Sie um Hilfe für eine klare Verbindung zu Ihrem Geistführer.*

3 *Visualisieren Sie, wie sich Ihr Kronenchakra (Seite 29) zu einem Kanal reinen Lichts öffnet, und heben Sie Ihr Bewusstsein so hoch wie möglich an. Noch ein bisschen mehr; und jetzt sogar noch weit darüber hinaus.*

4 *Visualisieren Sie sich von Kopf bis Fuß eingehüllt in eine Säule aus reinem Licht. Vielleicht dringen jetzt Worte in Ihren Kopf, die aus dem Nichts zu kommen scheinen.*

5 *Sprechen Sie diese Worte laut aus. Sobald Ihre Aufmerksamkeit abschweift, haben Sie die Verbindung abgebrochen. Nehmen Sie die Kommunikation wieder auf, oder brechen Sie ab und versuchen Sie es ein anderes Mal erneut.*

6 *Kehren Sie nun zu ihrem normalen Bewusstseinszustand zurück, und visualisieren Sie eine Energiewurzel bis in den innersten Erdkern.*

7 *Schöpfen Sie aus dieser Energie, die Ihnen Geborgenheit und Lebensfreude schenkt.*

Nachrichten aus dem Jenseits

In einer akuten Krise oder einem Trauma haben Sie vielleicht unbewusst einen verzweifelten Schrei ins Universum ausgestoßen und um Befreiung aus Ihrem Dilemma gebeten. Manchmal lösen solche Hilfeschreie eine Reaktion aus; das kann ein Traum sein, ein Ereignis oder ein Mensch, den »der Himmel schickt«. Dies geschieht, weil Sie unwissentlich eine Kommunikation mit den höheren Mächten aufgenommen haben.

Man braucht noch nicht einmal an sie zu glauben, um sie anzurufen; mindestens genauso wichtig ist die Fähigkeit, sich selbst treu und für alle Möglichkeiten der Hilfe offen zu bleiben. Außerdem trifft die reine Inspiration häufig den Kern eines Problems, was allerdings meist einen Perspektivenwechsel voraussetzt.

In einem Dilemma, das Sie bis an Ihre Grenzen fordert, können Ihre Nerven bis aufs Äußerste gespannt sein. Zugleich aber kann diese enorme Anspannung die Empfänglichkeit für die oft auf subtile Weise übermittelten Botschaften verringern. Versuchen Sie, mit einem Teil Ihres Geistes entspannt und offen zu bleiben, damit Sie die versteckte Bedeutung seltsamer Worte oder Sätze »aus heiterem Himmel« auch erfassen können. Oft schleichen sich die Antworten bei so alltäglichen Tätigkeiten wie Zähneputzen oder Autofahren in Ihre Gedanken. Inspiration kommt häufig bei körperlicher Aktivität. Wer erst einmal gelernt hat, aufgeschlossen zu bleiben, erkennt Signale sofort und kann ihnen auch trauen.

FRAGEN SIE NUR?

Wenn Sie um göttliche Führung bitten, sollten Sie genau wissen, was Sie wollen.

1 *Konzentrieren Sie sich auf das Wesentliche Ihrer Frage, und formulieren Sie sie so einfach wie möglich. Das Ergebnis wird so eindeutiger.*

2 *Wählen Sie möglichst eine Nacht bei zunehmendem Mond (zwischen Neu- und Vollmond). Schauen Sie tief in den Nachthimmel hinein, und schicken Sie Ihre Frage an die himmlische Führung.*

3 *Haben Sie in derselben Nacht einen Traum, an den Sie sich am Morgen erinnern können, schreiben Sie ihn in Ihr mediales Tagebuch. Er könnte die Antwort enthalten.*

4 *Notieren Sie andernfalls alle ungewöhnlichen Einsichten, die Ihnen kommen; sie stammen sicherlich aus einer Quelle höherer Intuition. Nehmen Sie diese Botschaften ohne scharfe Analyse an, auch wenn sie sinnlos erscheinen. Ihr Sinn erschließt sich mit der Zeit.*

ZUHÖREN KÖNNEN

Botschaften aus dem Jenseits kommen auf ganz unterschiedliche Weise zu uns. Hier nur ein paar Beispiele.

Schlüsselwörter

Ein bestimmtes Wort springt Ihnen ständig ins Auge – in der Zeitung, auf einem Plakat, im Fernsehen, auf einem Verkehrszeichen, sogar auf einer Einkaufstüte. Sobald Sie das bemerken, wird die Bedeutung des Wortes klar.

Bilder

Statt eines Wortes begegnet Ihnen immer wieder dasselbe Bild. Das kann etwas so Einfaches sein wie ein Pfeil, der in eine bestimmte Richtung weist. Sobald Sie das erkennen, wissen Sie auch, was Ihnen das Bild sagen will.

Inspiration

Einem inneren Antrieb folgend greifen Sie aus vielen verschiedenen Dingen ein bestimmtes heraus – einen Glückskeks, eine Rune, eine Spiel- oder Tarotkarte. Was Sie dabei auch entdecken, es enthält Ihre Antwort.

Zufall

Manchmal scheint die Botschaft buchstäblich vom Himmel zu fallen. Unterwegs entdecken Sie etwas auf dem Gehweg: eine Vogelfeder, eine Münze oder eine weggeworfene Blume. Sobald Sie es aufheben, erkennen Sie die Botschaft, die es enthält.

Mit Engeln sprechen

Wir sind umgeben von zahllosen Engelswesen, Boten zwischen Himmel und Erde, die uns mit dem Höchsten und Besten verbinden. Der bekannteste ist der Schutzengel, das behütende Wesen, das vom Augenblick unserer Geburt an über uns wacht (Seite 160). Eine ganze Reihe anderer Engel jedoch hat die Aufgabe, uns die Botschaften zu übermitteln, die unser Leben verändern und Licht ins Dunkel bringen, uns Führung, Heilung und Schutz zu spenden.

Vielleicht haben Sie bisher ziellos in den Tag hinein gelebt und waren sich dieser mächtigen Engel, denen Ihr Wohl und Wehe so am Herzen liegt, gar nicht bewusst. Sie sehen den Weg, den wir einschlagen müssen, um höchste spirituelle Erfüllung zu finden, und wenn wir wissen, wie man sie fragen kann, helfen sie uns, diesen Weg und damit zurück zu unseren spirituellen Wurzeln zu finden.

Engel bevorzugen eine ruhige, spirituelle Atmosphäre. Richten Sie ihnen deshalb einen eigenen Platz in Ihrem Zuhause ein, und berücksichtigen Sie dabei die Anregungen unten. Im Idealfall ist das auch Ihr Meditationsplatz.

Engel handeln immer im Geist bedingungsloser Liebe. Sie führen uns mit unfehlbarer Sicherheit unserem wahren Schicksal zu, regen Geist und Phantasie an, schärfen den Blick für die Welt und fördern die Neigung, Gutes zu tun. Außerdem schenken Sie verblüffende Einsichten, ein Gefühl wahrer Erleuchtung, das unsere mediale Kreativität erhöht.

EINLADENDE ATMOSPHÄRE

Was Engel am meisten schätzen:

Ruhe
Regelmäßige Meditation schenkt innere Ruhe und Ausgeglichenheit, die auch auf Ihre Umgebung ausstrahlt.

Kerzenlicht
Zünden Sie jeden Tag eine Kerze an. Ihre stete Flamme spendet ruhige, sanfte Erleuchtung.

Sauberkeit
Ihr Meditationsplatz sollte immer aufgeräumt und sauber sein.

Schlichtheit
Überladen Sie Ihren Meditationsplatz nicht mit Objekten.

Freude
Was macht Sie glücklich? Musik? Ein Bild? Eine schöne Muschel? Stellen Sie so etwas an Ihren Meditationsplatz, und freuen Sie sich daran. Engel lieben es, wenn wir glücklich sind, und es heißt, sie tanzten auf den Schwingungen unseres Lachens.

Viele haben tatsächlich schon einmal einen Engel gesehen, meist in einer schweren Krise. Zu den berühmtesten Sichtungen gehört die von Soldaten während des Ersten Weltkriegs auf dem Schlachtfeld im französischen Mons. Inmitten des Gemetzels erschien eine riesige, strahlende Gestalt, die den Verwundeten und Sterbenden beistand. Das war der legendäre Engel von Mons.

Augenzeugenberichte von Engelssichtungen weisen typische Übereinstimmungen auf: Es entsteht der überwältigende Eindruck einer großen Gestalt, die in einem blendend hellen Licht erstrahlt. Die Lichtstrahlen, die von diesen menschenähnlichen Wesen ausgehen, sehen aus wie Flügel. Sie strahlen große Kraft, Ermutigung und tiefe Liebe aus. Engel sprechen selten mit Worten; ihre Botschaften dringen direkt ins menschliche Bewusstsein und sind klar verständlich.

Die Erzengel können wir jederzeit um Führung bitten, auch wenn wir nie einen sehen. Dazu müssen wir allerdings wissen, wie, und das bedeutet, wir müssen wissen, was mit uns nicht stimmt. Vielleicht geht es uns beruflich oder in der Beziehung nicht gut, oder wir finden keine innere Ruhe. Nehmen Sie sich Zeit, Ihre Sorgen den Stärken der Erzengel zuzuordnen; denn sie sind die Boten, die direkt auf Ihre Fragen antworten. Ordnen Sie Ihre Gedanken, und fassen Sie sie in Ihrem medialen Tagebuch zusammen. Vertrauen Sie dann darauf, dass Ihre Intuition Sie zu dem Engel führen wird, der Ihnen im Augenblick am besten helfen kann. Sprechen Sie diesen Engel in der Meditation und im Gebet an.

DIE ERZENGEL

Gabriel

Als Bote des göttlichen Trostes repräsentiert Gabriel die weibliche Kraft. Gabriel verkündete das Kommen Christi und gilt als derjenige, der den Koran diktiert hat. Bei Problemen mit der Fruchtbarkeit ruft man am besten Gabriel an; außerdem überbringt er Neuigkeiten.

Metatron

Dieser himmlische Schreiber hat viele Augen und zeichnet alles auf, was geschieht. Seine wichtigste Aufgabe besteht darin, männliche und weibliche Prinzipien wieder zu vereinigen. Sein Name bedeutet »Förderer«, deshalb ruft ihn an, wer spirituelle Lehren und Führung erbitten will.

Michael

Mit seinem mächtigen Schwert der Wahrheit steht Michael für die Gerechtigkeit und kommt den Schwachen und Unterdrückten zu Hilfe. Wenn Sie sich völlig am Boden fühlen, bitten Sie um seinen Mut, seine Kraft und seine Aufrichtigkeit. Er hilft Ihnen, alles Schreckliche, das Sie im Leben verfolgt, zu überwinden.

Raphael

Wenden Sie sich an Raphael, wenn Sie sich krank fühlen; er schenkt starke regenerierende Kräfte, die Sie wieder gesund machen können.

Raguel

Als Engel des ethischen Verhaltens beobachtet Raguel alles, was wir tun. Rufen Sie ihn an, wenn Sie eine gerechte Lösung und das richtige Vorgehen dazu suchen. Er steht uns in allen schwierigen Entscheidungen bei.

Saraquel

Er ist der Lehrer des Mose; ein gefallener Engel, der seinen Schritt bereute. Wenn Sie einen Fehler begangen haben und Vergebung suchen, kann er Ihnen helfen, den inneren Frieden wieder zu finden.

Uriel

Diesem Engel der Erleuchtung und Hüter der moralischen Lehren entgeht nichts; Uriel ist ein standhafter Wächter. Seine Energie ist kompromisslos, und er drückt sich stets unmissverständlich und direkt aus. Rufen Sie ihn an, wenn Sie überfordert und verwirrt sind.

ENGELSMEDITATION

Hören Sie in der Stille der Meditation die Worte Ihres Erzengels.

1 *Konzentrieren Sie sich auf den Atem wie auf Seite 23 erklärt, und werden Sie innerlich vollkommen gelassen und ruhig. Wenn Sie möchten, können Sie ein Bild Ihres Erzengels oder eine Karte mit seinem Namen in der Hand halten.*

2 *Lenken Sie nun die Aufmerksamkeit auf Ihr Herzchakra, und öffnen Sie sich vertrauensvoll der liebevollen Präsenz Ihres Erzengels.*

3 *Lassen Sie alles, was der Erzengel Ihnen sagen möchte, ungehindert ins Bewusstsein dringen, haben Sie Vertrauen und nehmen Sie in sich auf, was Ihnen im Geist der Wahrheit übermittelt wird.*

4 *Verweilen Sie im stillen Kontakt mit dem Engel, bis Sie spüren, dass Sie seine Führung auf jeder Ebene Ihres Seins gründlich aufgenommen haben, und kehren Sie dann zu Ihrem normalen Bewusstseinszustand zurück.*

DEN ENGEL ANRUFEN

Sprechen Sie mit Ihrem Engel in einfachen Worten, die aus dem Herzen kommen.

1 *Wählen Sie den Engel, der Ihnen am besten helfen kann. Fühlen Sie sich zum Beispiel von Stärkeren schikaniert und eingeschüchtert, so kann Michael helfen. Überlegen Sie, wie Sie einen guten Freund um Rat bitten würden, und sprechen Sie Michael dann mit denselben Worten an. Schreiben Sie in Form eines kurzen Briefes auf, was Sie sagen wollen.*

2 *Das könnte zum Beispiel so aussehen: »Lieber Michael, ich habe immer solche Angst und fühle mich sehr unsicher. Ich lasse mich von allen herumkommandieren und habe überhaupt kein Selbstvertrauen mehr. Bitte hilf mir, meine innere Stärke wieder zu finden, und schütze mich vor meinen Ängsten. Danke, dass Du weißt, was ich gerade durchmache, und Dich für Menschen wie mich einsetzt, die allen Mut verloren haben. Es tröstet mich sehr, dass ich Dich immer an meiner Seite weiß.«*

3 *Kommen Sie vor dem Schlafengehen bewusst zur Ruhe, und vertrauen Sie darauf, dass Ihr Engel zu Ihnen kommt. Lesen Sie dann Ihr Gebet still oder laut in dem Bewusstsein, dass Ihre Worte Gehör und Verständnis finden.*

4 *Wenn Sie gut schlafen und am Morgen gestärkt und zuversichtlich aufwachen, kann das ein Anzeichen dafür sein, dass Ihr Gebet erhört wurde. Sie können aber auch um eine konkrete Antwort bitten (siehe oben).*

Können Sie die Geister unterscheiden?

Sind Sie schon einmal einem Geist begegnet? Menschen, die das erlebt haben, schildern erstaunlich übereinstimmende Empfindungen: plötzliche extreme Kälte, ein unangenehmer Geruch und das beunruhigende Gefühl, dass etwas nicht stimmt. Ein Geist ist einfach die unkörperliche Manifestation eines Verstorbenen. Viele alte Anwesen haben einen »Hausgeist«. Dazu gehören zum Beispiel auch Gespenster, die zu bestimmen Zeiten durchs Treppenhaus wandeln. Solche und ähnliche Wesen sind erdgebundene Geister; sie haben sich nicht in die Astral- oder Geistwelt begeben, weil sie ihre vertraute Umgebung aus irgendeinem Grund nicht verlassen konnten. Es gibt aber Indizien dafür, dass man ihnen dazu verhelfen kann (siehe unten).

Ganz anders verhält es sich mit einem Poltergeist. Er macht allen möglichen Unsinn, verschiebt oder zerbricht Gegenstände und veranstaltet einen aufdringlichen Lärm. Er möchte auf alle Fälle bemerkt werden, wohingegen andere Geister meist scheu und kaum fassbar sind.

Neueste Indizien deuten darauf hin, dass ein Poltergeist nicht nur ein Geist im eigentlichen Sinne, sondern auch die Manifestation verwirrter Energie eines lebenden Menschen sein kann. Poltergeister treten oft in der Umgebung junger, emotional gestörter Menschen auf, die sich allerdings keinerlei Verbindung zu den rätselhaften Geräuschen und Vorgängen bewusst sind. Werden die Probleme entdeckt und behandelt, verschwindet der Poltergeist zum Glück gewöhnlich.

EINEN GEIST BEFREIEN

Zur Rettung eines erdgebundenen Wesens braucht es viel Liebe und Furchtlosigkeit.

1 *Konzentrieren Sie sich auf Ihren Atem, und meditieren Sie über die Einheit allen Lebens wie auf Seite 23 erklärt. Denken Sie daran, dass mit Ihnen auch alles andere atmet.*

2 *Visualisieren Sie nun, wie sich Ihr Herzchakra ähnlich einer riesigen Blüte der Sonne öffnet. Nehmen Sie bei jedem Einatmen die wärmende und heilende Kraft der Sonne in Ihre Zellen auf, bis in Ihr innerstes Wesen hinein.*

3 *Teilen Sie diese Wärme beim Ausatmen ohne Ausnahme mit allem und jedem in Ihrer Umgebung.*

4 *Bitten Sie nun die Engelskräfte der Liebe zu sich, und heißen Sie sie in Ihrem Herzen willkommen. Spüren sie, wie sie Ihre Aura pflegen und heilen und Sie in ein kraftvolles Feld des Schutzes und der Stärke hüllen.*

5 *Jetzt können Sie mit dem Gespenst oder der Geistenergie kommunizieren. Wenn Sie glauben, dass der Zeitpunkt gekommen ist, schlagen Sie ihm liebevoll vor, sich ins Reich des Lichts zu begeben.*

6 *Der Geist wird nur dann positiv auf Ihren Befreiungsversuch reagieren, wenn Sie selbst vollkommen furchtlos sind. Schon beim kleinsten Zweifel sollten Sie die Finger davon lassen. Gehen Sie niemals allein und ohne sich vorher gestärkt zu haben auf einen Geist zu.*

Welcher Geist ist da?

Aus den unten aufgeführten Aussagen können Sie erschließen, mit welcher Art Geist Sie es zu tun haben. Können Sie die ersten drei bejahen,

- ❑ Gegenstände werden umher geworfen oder bewegen sich.
- ❑ Dumpfes Klopfen oder unerklärliche Geräusche treten auf.
- ❑ Der Geist weiß genau, was Sie wütend macht.

deutet das auf einen Poltergeist. Möglicherweise leidet jemand im Haus unter einer unentdeckten psychischen Störung.

Treffen hingegen die folgenden Aussagen eher auf das Verhalten des Geistes zu,

- ❑ Der Geist erscheint immer zur selben Zeit.
- ❑ Die Vorfälle spielen sich immer am selben Ort ab.
- ❑ Der Geist bemerkt Sie offensichtlich nicht.
- ❑ Sie haben das Gefühl, das Wesen vage zu kennen.
- ❑ Plötzlich wird es in der Umgebung sehr kalt.

handelt es sich wahrscheinlich um ein Gespenst. Stört es Sie sehr und hätten Sie es gerne los, können Sie versuchen, es selbst zu befreien. Versuchen Sie das aber nur, wenn Sie psychisch gefestigt sind. Bitten Sie beim kleinsten Zweifel lieber ein erfahrenes Medium mit bester Reputation oder einen Priester mit exorzistischer Ausbildung um Hilfe.

6 GEISTIGER SCHUTZ

Wie stark ist Ihre Aura?

Wenn Sie Ihre Chakras, wie auf Seite 31 beschrieben, harmonisieren, stärken Sie auch Ihre Aura, weil Sie reine Energie tief in Ihrem Innern aktivieren. Die Harmonie, die Sie damit in Körper, Seele und Geist wiederherstellen, spiegelt sich in einer starken, klaren, strahlenden Aura. Sie zeigt, dass Sie über die innere Energie verfügen, Ihr Leben voll auszukosten; Sie strahlen dann eine fast greifbare Selbstsicherheit und Zuversicht aus. Diese Stärke ist aber leider nicht von Dauer, wenn Sie nicht zugleich Ihre negativen Eigenschaften und charakterlichen Unausgewogenheiten korrigieren; dann fällt Ihre Aura unweigerlich in den schwächeren Zustand zurück.

Geistheilen und eine verbesserte Intuition können Ihr Leben zweifellos schöner machen, aber nur, wenn Sie aktiv daran mitwirken. Das tun Sie, indem Sie sich um immer vollständigere Selbsterkenntnis bemühen; führen Sie Ihr mediales Tagebuch regelmäßig, erkennen und akzeptieren Sie Ihre Schwächen und Stärken darin freimütig und mit Humor. Versuchen Sie, negative Gewohnheiten abzulegen,

Wie stark sind Sie?

Kreuzen Sie zu den Fragen unten die Antworten an, die auf Sie zutreffen.

Wann sind nach einem Streit alle negativen Gefühle in Ihnen aufgelöst?

- ❑ **a** Innerhalb weniger Minuten.
- ❑ **b** Nach 24 Stunden.
- ❑ **c** Nach mehreren Tagen oder Wochen.

Wenn Sie mit jemandem sprechen, der schlechter Laune oder gestresst ist,

- ❑ **a** lasse ich mich nicht aus dem Gleichgewicht bringen.
- ❑ **b** lasse ich mich von den Belastungen des anderen berühren.
- ❑ **c** fühle ich mich hinterher ausgelaugt.

Wenn Sie einen Freund besuchen, der krank ist oder im Krankenhaus liegt,

- ❑ **a** weiß ich, dass ich positive Stimmung verbreiten kann.
- ❑ **b** fühle ich mich in der Nähe des Kranken leicht unbehaglich.
- ❑ **c** fühle ich mich selbst krank.

Wenn man Ihnen ein Kompliment macht,

- ❑ **a** bedanke ich mich und denke nichts weiter dabei.
- ❑ **b** erwidere ich das Kompliment verlegen.
- ❑ **c** strahle ich vor Freude und erzähle es allen.

Wenn man Sie kritisiert,

- ❑ **a** gebe ich zu, dass etwas Wahres dran ist, und versuche, kleine Charakterfehler sofort zu korrigieren.
- ❑ **b** schieße ich scharf zurück.
- ❑ **c** brüte ich tage- und wochenlang darüber.

und nutzen Sie vor allem jede Gelegenheit, Ihr Leben zum Besseren zu verändern, statt so zu tun, als hätten Sie keine Probleme.

Gerade wenn Sie versuchen, Ihre Aura durch Heilen, Visualisieren und Harmonisieren zu stärken, entdecken sie dabei auch besondere Schwachstellen. Mit Hilfe der aufgeführten Fragen können Sie einige näher eingrenzen. Lassen Sie sich aber nicht entmutigen – Sie entdecken dabei auch Ihre Stärken.

Auswertung...

❑ Überwiegend a

Sie sind gut in Ihrer Energie zentriert, eine gute Voraussetzung zum Erhalt Ihrer psychischen Gesundheit.

❑ Überwiegend b

Sie reagieren ganz natürlich auf Einflüsse von außen und sind sehr mitfühlend, sollten aber ein besseres Gespür für Ihre Autonomie entwickeln. Dabei können Ihnen Meditation und Visualisationen helfen.

❑ Überwiegend c

In der Auseinandersetzung mit den Meinungen und Stimmungen anderer sind Sie leicht zu erschüttern und aus dem Gleichgewicht zu bringen. Lassen Sie sich durch erfahrene Heiler helfen, damit Sie Ihr inneres Gleichgewicht wieder finden.

Notfallmaßnahmen

So unerschütterlich Sie normalerweise sein mögen, manchmal sind die inneren Ressourcen einfach überfordert. So können Sie sich helfen:

Beim Gespräch mit einem Freund, der Sorgen hat, kann es vorkommen, dass es ihm zwar sofort besser geht, Sie sich aber völlig erschöpft fühlen. Hier hilft eine simple Maßnahme: Verschränken Sie die Arme vor dem Solarplexus, dann können Sie psychisch nicht »ausbluten«.

Wenn Sie zum Beispiel nachts allein unterwegs sind und sich plötzlich bedroht fühlen, visualisieren Sie starkes goldenes Licht um sich herum. Das bewirkt oft, dass wir für andere unsichtbar werden.

Wenn Sie mit jemandem, etwa Eltern, Kinder oder Kollegen, gerade eine sehr schwierige Zeit durchmachen, visualisieren Sie sich in einer durchsichtigen Blase aus weißem Licht. Genießen Sie einfach, wie wohl und glücklich Sie sich darin fühlen. Malen Sie sich dann den Menschen aus, mit dem Sie gerade so viel Ärger haben und stellen sie ihn sich in seiner eigenen Lichtblase vor. Verbinden Sie die Blasen mit einer Acht, und durchtrennen Sie die Verbindung dann in Ihrer Vorstellung. Beobachten Sie wie, die andere Blase allmählich davon driftet. Bewahren Sie während der Übung Ihre Gelassenheit. Richtig durchgeführt, ist sie ein wirksames Mittel der Heilung.

Amulette und Talismane

Besitzen Sie ein Maskottchen, das Ihnen ein Gefühl der Sicherheit und Kraft vermittelt oder immer Glück bringt? Dann haben Sie Teil an einer medialen Tradition, die so alt ist wie die Menschheit selbst; sie besagt, dass bestimmte Gegenstände entweder aus sich heraus über besondere Kräfte verfügen oder einem bestimmten Zweck dienlich gemacht werden können.

Diese Objekte teilen sich in zwei Gruppen, die uns auf unterschiedliche Weise medial stärken: Amulette und Talismane. Ein Amulett hat schützende Wirkung und lenkt schädliche Einflüsse vom Träger ab; klassisch formuliert, schützt es vor dem »bösen Blick«, womit alle negative Energie gemeint ist, die auf den Träger gerichtet wird.

Amulette wenden Gefahr ab, ziehen aber nicht unbedingt Glück an. Das ist die Aufgabe des Talismans, eines Glücksbringers, der günstiges Geschick anzieht. Bis heute sind Armbänder mit Glücksbringern sehr beliebt. So kann man Amulette und Talismane in einem Schmuckstück kombinieren.

Am besten schützt uns jedoch eine starke, gesunde Aura (siehe Seite 156) vor negativen Energien. Fühlen Sie sich aber intuitiv zu einem Schmuckstück hingezogen, mit dem es Ihnen besonders gut geht, dann geben Sie diesem Instinkt nach. Tragen Sie Ihr Maskottchen immer bei sich: an einer Halskette, am Schlüsselring, im Auto oder sicher verwahrt in Geldbeutel oder Brieftasche. Es schenkt Ihnen Selbstsicherheit und das Gefühl, Glück zu haben und behütet zu sein.

»Abrakadabra« *Diese Formel, die Zauberer in aller Welt benutzen, ist eins der ältesten magischen Worte und bedeutet: »Sprich den Segen«. Auf ein Seidentuch geschrieben, das man um den Hals trägt, hält es Krankheiten fern.*

Drachen *Meist Friedens- und Glückssymbol, hilft dem Träger aber auch zum Sieg über Feinde. Wie Sie seine Kraft nutzen, liegt an Ihnen.*

Eidechse *An der Außenwand eines Hauses bringt die Eidechse Glück. Außerdem fördert sie gutes Sehen und die Weisheit.*

Fisch *Das Symbol der ersten Christen. Fische ziehen Fülle und Reichtum an und repräsentieren Schöpfung und Fruchtbarkeit.*

Frosch *Ein Talisman für Wohlstand, Fruchtbarkeit, Gesundheit und langes Leben. Liebenden schenken Frösche eine glückliche Beziehung, getragen von gegenseitiger Leidenschaft und Treue.*

Hand von Fatima *Ein starkes Amulett, das besonders im Nahen Osten sehr beliebt ist. Die Hand spendet Segen und wird deshalb hauptsächlich an Türen und Hauswänden angebracht.*

Herz *Man trägt es meist, um Liebe und Freude anzuziehen. In einem Fall jedoch wurde es auch zum Schutz vor einem bösen Zauber getragen.*

Hufeisen *Schon die alten Griechen und Römer holten sich damit Wohlstand und Glück ins Haus. Ein Hufeisen muss immer mit der Öffnung nach oben an die Haustür genagelt werden.*

Kaninchenpfote *Sie weckt Assoziationen von Fruchtbarkeit und Schnelligkeit und gilt deshalb als Glücksbringer.*

Katze *Den alten Ägyptern galten Katzen als heilige Vertreterinnen des Mondes. Schwarze Katzen sollen Glück bringen, manche fürchten sich allerdings vor ihnen. Ob ein Katzenmaskottchen das Richtige für Sie ist, können Sie nur selbst entscheiden. Vertrauen Sie Ihrer Intuition.*

Kleeblatt, drei- oder vierblättrig. *Immer ein Glücksbringer, ob im Finanziellen, im Spiel oder in der Liebe.*

Kleidung *Jedes Kleidungsstück kann seinem Träger Glück bringen, besonders im Sport. So haben Fußballspieler oft ihre »Glückssocken«, und so mancher Tenniscrack trägt während eines ganzen Turniers dasselbe Hemd.*

Kreuze

Ankh oder Henkelkreuz *Es stammt aus Ägypten, symbolisiert Leben und Unsterblichkeit.*

Griechisches und St. Benedikts-Kreuz *Beide Kreuze vertreiben böse Geister mit dem Befehl: »Hebe Dich hinweg, Satan!«*

Lateinisches Kreuz *Es war schon lange vor dem Christentum ein mächtiges Amulett.*

Andreaskreuz *Klassisches starkes Amulett gegen üble Einflüsse*

Antoniuskreuz *Es ist t-förmig und wird zum Schutz vor Krankheiten wie der Epilepsie getragen. Das Symbol des ewigen Lebens schützt außerdem den Geist.*

Lamm *Das christliche Erlösersymbol, ein Lamm mit Kreuz und Fahne, wird zum Schutz vor Unfällen, Stürmen und Krankheiten getragen.*

Lotus *Er bringt Glück und wird in Indien auch als Amulett zum Schutz vor Krankheit und Unfällen getragen. Die Blüte repräsentiert Lakshmi, die Göttin der Schönheit und des Wohlstands. Den Ägyptern galt der Lotus als Abbild der Sonne, das klares Denken und Weisheit begünstigte.*

Münze *Die klassische Glücksmünze ist aus Silber, aber wenn es für Sie stimmt, bringt Ihnen auch der bescheidene »Glückspfennig« Gesundheit und Wohlstand.*

Perlen *Glasaugenperlen repräsentieren die alles sehende Gottheit, die Gefahr abwendet.*

Pfau *Die Federn sind Symbol des bösen Blicks und sollen daher Unglück bringen. Der Vogel selbst jedoch bringt Glück und symbolisiert den Sieg über den Tod und das ewige Leben.*

Salomonssiegel *oder Davidsstern. Es symbolisiert die Harmonie zwischen männlichem Feuer und weiblichem Wasser. Die gekreuzten Dreiecke stehen außerdem für Himmel und Erde. Das Siegel hat sechs sichtbare und eine unsichtbare Spitze, die für die spirituelle Transformation steht und sich im inneren Auge des Magiers, Sehers oder Priesters spiegelt.*

Schildkröte *Dieses Erdsymbol schützt vor Zauber und bösen Geistern.*

Schlüssel *wurden schon im alten Rom und Griechenland als Glücksbringer und zur Verbesserung von Voraussicht und Urteilskraft getragen. Sie repräsentieren den Gott Janus, den Hüter des Himmelstors und Wächter an allen Türen. Der zweigesichtige Gott konnte sowohl in die Zukunft als auch in die Vergangenheit sehen. In Japan gilt der Schlüssel als Überbringer von Wohlstand, Liebe und Glück.*

Skarabäus *Dieser alte ägyptische Talisman ist ein Symbol der Schöpfung und der Auferstehung, das körperliche, psychische und geistige Gesundheit schenkt. Auf der Reise von der physischen zur Geistwelt schützt er außerdem vor üblen Einflüssen.*

Spinne *Ein Talisman für Erfolg in geschäftlichen und finanziellen Dingen. Im Mittelalter trug man eine Spinne in einer Nussschale zum Schutz vor Krankheiten um den Hals.*

Weiße Heide *Dieser keltische Talisman schenkt dem Träger wahre Liebe.*

Wünschelrute *Dieser bekannte Talisman bringt Glück und hilft bei der Verwirklichung unserer Träume.*

Zähne *In China gilt der Tigerzahn als wertvoller Talisman für Spieler und Spekulanten. In Russland gibt man Kindern Zahnimitationen zum Schutz vor üblen Einflüssen und Krankheiten.*

Kommunikation mit Ihrem Schutzengel

Im Augenblick unserer Geburt wird uns ein wirksamer medialer Schutz mitgegeben – unser Schutzengel. Esoteriker glauben meist, dass dasselbe Schutzwesen uns in vielen Leben begleitet und uns sicher durch jeden Abschnitt unserer Seelenreise zur spirituellen Erleuchtung führt.

Im Alltag wacht der Schutzengel immer über uns und wirkt als »unsichtbarer Heiler«, der beständig kleine Schäden an unserer Aura repariert. Diese liebevolle spirituelle Kraft schützt uns auch im Schlaf und hält negative Kräfte von uns fern.

Oft wird uns unser Schutzengel erst dann bewusst, wenn etwas geschieht, was einen medialen Kontakt auslöst, meist während einer emotionalen Krise. Dieses Erlebnis ist unvergesslich; es ist das tiefe, intuitive Erkennen der bedingungslosen Liebe.

Zugleich könnte dies die erste Lektion einer positiven Kommunikation mit dem Schutzengel sein. Das erfordert aber unsere intelligente Mitarbeit; unser Engel führt, heilt und schützt uns, das bedeutet aber nicht, dass wir ihm auch die Verantwortung für unser Handeln aufbürden dürfen.

Kommunikationsrichtlinien

Drücken Sie in Worten und Verhalten Ihre Freude über die Anwesenheit Ihres Engels aus.

Richten Sie eine regelmäßige Zeit der Kommunikation mit Ihrem Engel ein. Viele tun es unmittelbar vor dem Zubettgehen.

Formulieren Sie Ihre Bitten um Hilfe stets einfach und klar.

Wenn böse Träume oder negative Gefühle Sie plagen, bitten Sie Ihren Engel um Schutz.

Seien Sie immer bereit anzunehmen, was Ihr Engel Ihnen sagt, besonders wenn er Sie auf eine Gefahr hinweist.

Werden Sie nicht tollkühn. Ihr Schutzengel soll Sie zwar beschützen, aber Ihren freien Willen kann er nicht übergehen.

DEN SCHUTZENGEL ANRUFEN

1 *Konzentrieren Sie sich auf Ihren Atem, bis Sie völlig entspannt sind (Seite 23).*

2 *Atmen Sie sanft ins Herzchakra, und bitten Sie Ihren Schutzengel, näher zu kommen und sich Ihnen zu zeigen.*

3 *Lassen Sie sich von der heilenden Energie Ihres Engels umhüllen, und fühlen Sie sich sanft von seinen Flügeln umfasst.*

4 *Geben Sie sich völlig in diese Wärme hinein, und sprechen Sie nun Ihre Bitte um Hilfe aus.*

5 *Nehmen Sie die Energie, die Sie zur Antwort erhalten, still in sich auf, bis Sie davon ganz erfüllt sind. Zwar fordert der Engel keinen Dank, aber Sie werden das drängende Bedürfnis verspüren, Ihrer Dankbarkeit Ausdruck zu verleihen.*

6 *Kehren Sie nun zu Ihrem normalen Bewusstseinszustand zurück, und nehmen Sie das Gefühl der bedingungslosen Liebe mit in den Tag hinein.*

7
HÖHERES BEWUSSTSEIN

Der Weg des Mystikers

Mystizismus, das unmittelbare intuitive Erleben des Göttlichen, gibt es sowohl innerhalb der großen Weltreligionen als auch unabhängig davon in der individuellen spirituellen Praxis. Es ist kein einfacher spiritueller Weg; der Mystiker muss zuerst sein wahres Selbst entdecken, bevor er mit der Gottheit, der höchsten und ewigen Quelle der Liebe, in Verbindung treten kann.

Wer Mystiker werden will, muss an der Auflösung aller Persönlichkeitsanteile arbeiten, die sein wahres Selbst verhüllen. Es sind die vielschichtigen »Schleier der Illusion«, »Masken« oder »Mäntel«, hinter denen wir unser innerstes Wesen verbergen und die einer reinen spirituellen Kommunikation im Wege stehen können.

Diese Schranken überwindet man am besten durch Aufrichtigkeit und regelmäßige Meditation (Seite 23). So können wir uns dem stellen, der wir wirklich sind; denn wahre Selbsterkenntnis gilt oft als die höchste Form der Intuition. Meditation allein bringt vielleicht nicht die volle Erleuchtung, ist aber ein authentischer innerer Ratgeber und gibt dem Leben ein erfüllenderes Ziel. Mit einem klaren Ziel vor Augen kommen Sie eher in Kontakt mit den universalen Kräften im Kosmos. Eine solche Erfahrung der mystischen Einheit allen Lebens schenkt tiefen Frieden; wir erkennen, dass alles untrennbar verbunden ist, und erleben uns als einzelnen lebendigen Tropfen im grenzenlosen Meer der Schöpfung. Das lässt eine wunderbare Wahrheit ahnen, die durch alles Lebendige hindurch schimmert, und weckt ein unvergleichliches Gefühl andächtiger Liebe.

Haben Sie eine Begabung zum Mystiker?

Beschäftigen Sie sich mit den folgenden Fragen, und kreuzen Sie an, welche Sie mit Ja beantworten können. Zählen Sie zum Schluss die Kreuze zusammen.

- ❑ »Wissen« Sie manchmal ganz genau, was jetzt zu tun ist?
- ❑ Beschäftigen Sie sich aktiv mit Ihrer medialen Entwicklung?
- ❑ Suchen Sie die Wahrheit?
- ❑ Hatten Sie schon einmal das Gefühl, dass alle Menschen miteinander verbunden sind?
- ❑ Haben Sie auch mitten im größten Erfolg und nach Erreichen eines sehr wichtigen Ziels das Gefühl, dass das nicht alles gewesen sein kann im Leben?
- ❑ Können Sie für Ihre Überzeugungen einstehen, auch wenn alle anderen dagegen sind?

- ❑ Können Sie etwas ganz anders machen als dies in Ihrer Familie, unter Ihren Freunden/Kollegen üblich ist, weil es sich für Sie so stimmig anfühlt?
- ❑ Können Sie auch in Zeiten schwerer Krisen oder im Chaos über die unmittelbaren Ereignisse hinaus ein größeres Bild erkennen?
- ❑ Halten Sie Ihre Versprechen immer, auch wenn Ihnen gerade nicht danach ist?
- ❑ Geben Sie sich manchmal besondere Mühe mit Dingen, die andere für unnötig halten?
- ❑ Empfinden Sie allgemein Liebe zu Ihren Mitmenschen?
- ❑ Mögen Sie sich selbst?
- ❑ Können Sie sich auch nach einer schweren Enttäuschung ohne Verbitterung wieder aufrichten?
- ❑ Sind Sie auch mit sich allein sehr glücklich?
- ❑ Können Sie eine spirituelle Veranlagung bei anderen spüren?

Auswertung

❑ **2–3**
Auch wenn Sie nur zwei oder drei Fragen angekreuzt haben, besitzen Sie mystische Züge.

❑ **4–10**
Sie befinden sich bereits auf dem spirituellen Weg, auch wenn Sie sich dessen im Augenblick noch nicht bewusst sind.

❑ **11–15**
Sie gehen bewusst den Weg zur mystischen Vereinigung mit der höchsten Wahrheit und der spirituellen Erleuchtung.

Was ist Ihr Karma?

Karma, oberflächlich oft als Schicksal erklärt, ist etwas, was wir beeinflussen können. Das Gesetz des Karma besagt, dass jeder Gedanke und jedes Gefühl, das wir an jemanden aussenden, wieder auf uns zurückfällt. Karma entwickelt sich über viele Leben hinweg, wirkt aber auch im Hier und Jetzt, in jeder Sekunde unseres Daseins. Wir sind die Gesamtsumme aller unserer Erfahrungen aus allen früheren Leben, und das spiegelt sich in unserem jetzigen Leben. Das bedeutet, dass wir für unser Handeln voll und ganz verantwortlich sind und unser Karma jederzeit zum Besseren wenden können.

Unsere Seele ist unser wahrer Wesenskern, der in jeder Inkarnation die Chance erhält, in einem anderen Körper zu leben, zu lernen und zu wachsen. Daher können wir das karmische Gesetz von Ursache und Wirkung über mehrere Leben, Umstände und Situationen hinweg erfahren. Die Kraft des Karma durchdringt alles, ist aber auch gerecht und mitfühlend; ihren unerbittlichen Lektionen kann man nicht entkommen, aber sie zieht immer nur genau das an, was unsere Seele zur Weiterentwicklung gerade braucht.

Fragen Sie also bei allem, was Ihnen im Leben auch widerfährt, beim Guten wie beim Schlechten, nach dem Zusammenhang mit Ihrem karmischen Schicksal. So gesehen, kann man gar nichts falsch machen.

Postwendende Vergeltung

Eines Tages entdeckte ich nach langer Suche endlich einen Parkplatz, fuhr ein Stück vor und wollte eben rückwärts hineinstoßen, als plötzlich aus heiterem Himmel ein anderer Wagen just auf meinen Parkplatz rollte. Ich war außer mir vor Wut und feuerte mit Karacho eine Salve höchst unfreundlicher Gedanken auf den Fahrer ab. Sofort war mir klar, dass ich gerade eine enorm zerstörerische Energie ausgesandt hatte, und ich versuchte, so viel wie möglich davon zurückzunehmen.

Am nächsten Tag parkte ich in einem anderen Stadtteil. Plötzlich tauchte ein Wagen neben mir auf; der Fahrer schrie mich an, ich hätte ihm den Parkplatz weggenommen. Er war äußerst aufgebracht und drohte sogar, meinen Wagen zu rammen. Ich war völlig verdattert und erschrocken, denn ich hatte ihn gar nicht warten sehen. Wir hatten bereits Zuschauer, und ich stieg aus, um zu sehen, was er tun würde. Schließlich fuhr er davon, aber ich war sehr erschrocken. Plötzlich wurde mir klar, dass dies genau die aggressive Energie war, die ich am Vortag ausgesandt hatte.

KARMISCHE SUCHE

Mit Hilfe dieser Visualisation können Sie Ihren karmischen Weg finden.

1 *Konzentrieren Sie sich, wie auf Seite 23 beschrieben, auf Ihren Atem, bis Sie völlig entspannt sind. Öffnen Sie sich nun Bildern und Empfindungen, die besondere Bedeutung für Sie haben, vielleicht eine instinktive Liebe zu einer Sprache, einem Ort, einem Gebäude oder einer Landschaft.*

2 *Vielleicht haben Sie aber auch eine ungewöhnlich starke Abneigung: Ohne ersichtlichen Grund reagieren Sie mit heftiger Ablehnung auf ein Tier, eine Uniform, eine Farbe oder einen Geruch. Dies könnte mit der Ursache Ihres letzten Todes zusammenhängen, besonders wenn sie eine anomale Angst vor Feuer oder Messern haben.*

3 *Lassen Sie diese Bilder durch Ihre Gedanken ziehen, ohne sie zu rationalisieren. So können Sie sich ganz natürlich und intuitiv wieder mit den tiefsten Regionen Ihres Lebens verbinden.*

4 *Allmählich entsteht eine kreative Verbindung zu Ihrem essentiellen Selbst – jenem Wesenskern, der durch alle Zeit hindurch erhalten bleibt. Plötzlich kann Ihnen ein Bild aus längst vergangener Zeit vor Augen stehen, das Ihnen in diesem Moment geradezu unheimlich vertraut ist. Sie begegnen sich selbst auf Ihrer karmischen Reise.*

Spirituelle Botschaften channeln

Menschen, die sich den höchsten Erkenntnisquellen als Kanal (Channeler) zur Verfügung stellen, praktizieren eine besondere Form der Medialität. »Normale« Medien (Seite 142) kommunizieren mit entleibten Geistern, den Seelen Verstorbener auf der Astralebene – Channeler hingegen leiten Informationen von unpersönlicheren Kontakten weiter. Dazu gehören Geister, die ihren irdischen Inkarnationszyklus abgeschlossen haben, die höheren Geistführer und die Aufgestiegenen Meister, die über die Seele hinaus gereist sind.

Channeling kann höchst lohnend sein; es gewährt Zugang zu kosmischem Wissen und ist zugleich ein Tor zu anderen Dimensionen. Für ein sinnvolles

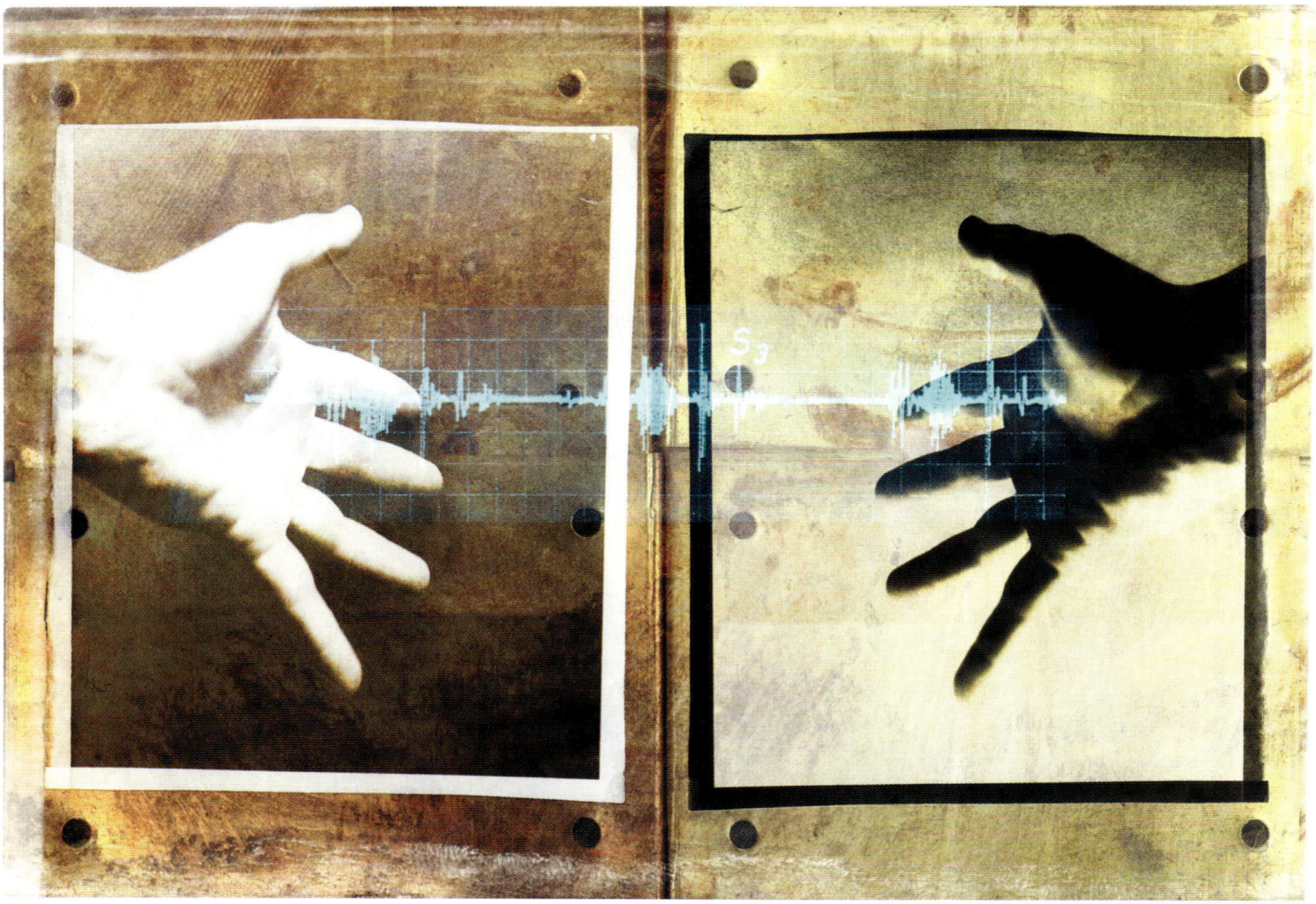

Ergebnis ist allerdings die Integrität Ihrer Motive ausschlaggebend. Um sich mit den authentischsten, vertrauenswürdigsten und wohlwollendsten Kräften zu verbinden, braucht es Intelligenz, klares Denken und eine hingebungsvolle Arbeit an Selbsterkenntnis und Selbstheilung.

Beantworten Sie die unten aufgeführten Fragen, bevor Sie mit der Übung auf Seite 171 beginnen. Das Ergebnis zeigt, ob Sie schon soweit sind.

Können Sie channeln?

Kreuzen Sie die Fragen an, die Sie mit Ja beantworten können, und zählen Sie am Schluss die Anzahl Ihrer Kreuze zusammen.

Aus welchem Grund möchten Sie Botschaften channeln?

- ❑ **a** Um inspirierendes Wissen zu erhalten.
- ❑ **b** Um das Bewusstsein zu erweitern.
- ❑ **c** Um mehr Beachtung und Respekt bei anderen zu finden.

Schildern Sie Ihre körperliche Verfassung:

- ❑ **a** Ich bin kaum krank.
- ❑ **b** Ich leide meist nur unter Erkältungen oder anderen leichten Beschwerden.
- ❑ **c** Ich bin häufig bei Ärzten, Heilern oder in der Apotheke.

Was lesen Sie am liebsten?

- ❑ **a** Spannendes.
- ❑ **b** Lektüre aus einem breiten Themenspektrum.
- ❑ **c** Romantische Schicksalsromane.

Wie viel Zeit möchten Sie Ihrer Entwicklung zu einem klaren Kanal widmen?

- ❑ **a** Immer, wenn mir danach ist.
- ❑ **b** So viele Jahre es dauern mag.
- ❑ **c** Vielleicht einmal wöchentlich ein oder zwei Stunden.

Sind Sie

- ❑ **a** Furchtlos.
- ❑ **b** Wenig ängstlich.
- ❑ **c** Immer auf der Hut vor bösen Überraschungen.

Auswertung

❑ 3–5 c

Für Sie sind andere Arten der medialen Arbeit oder des Heilens deutlich geeigneter.

❑ 3–5 a

Offensichtlich haben Sie unrealistische Vorstellungen von sich. Erkunden sie sich selbst erst genauer, und heilen Sie Disharmonisches, bevor Sie mit dem Channeln beginnen.

❑ 3–5 b

Sie zeigen eine vielversprechende Haltung. Mit Engagement und Zielstrebigkeit können Sie Ihre Channelingfähigkeiten sehr gut entwickeln.

In den letzten Jahren fand Channeling weite Verbreitung, aber die Qualität der Botschaften variiert stark. Es werden sogar beunruhigende Veränderungen auf unserem Planeten angekündigt, häufig in reißerischem, Furcht erregendem Ton. Andere Offenbarungen sind im Kern authentische Erkenntnisse, die zu einer radikalen Veränderung des spirituellen Bewusstseins aufrufen.

Wenn Sie es selbst einmal mit dem Channeln versuchen wollen, sollte Ihnen bewusst sein, dass Sie sich dazu gezielt konzentrieren müssen. Bitten Sie einen guten Freund, die Botschaften, die Sie erhalten, schriftlich oder auf Kassette festzuhalten, weil Sie sich möglicherweise nicht daran erinnern werden.

Geschannelte Informationen

Wenn Channeling sich durch das gesprochene Wort verwirklicht, durchdringt es den Geist der ganzen Menschheit und schafft eine Energie der Realisation. Diese Reise ist zwar nicht einfach, aber im höchsten Maße lohnend.

»Manchmal geht er im Dunkeln; und die Illusion der Dunkelheit ist höchst real. Manchmal schreitet er durch ein Licht, so blendend und verwirrend, dass er kaum den Weg vor sich ausmachen kann. Er weiß, was es heißt zu schwanken und unter der Erschöpfung von Dienen und Streben zusammenzubrechen, immer wieder vom Weg abzukommen und auf den Seitenpfaden des Ehrgeizes, des Eigennutzes und der materiellen Annehmlichkeiten zu wandeln. Aber das währt nie lange. Nichts in Himmel oder Hölle, auf Erden oder anderswo kann den Fortschritt des Menschen aufhalten, der aus der Illusion erwacht ist, der die Wirklichkeit hinter dem Glanz der Astralebene erspäht hat.«

Alice Bailey, *Serving Humanity*

AUSRICHTUNG AUF DAS LICHT

1 *Meiden Sie vor dem Channeln schweres Essen, und lassen Sie nach einer Mahlzeit mindestens zwei Stunden verstreichen.*

2 *Versetzen Sie sich mit Hilfe der Übung auf Seite 23 in einen tiefen Meditationszustand. Lassen Sie sich dabei viel Zeit.*

3 *Konzentrieren Sie Ihre Energie aufs Herzchakra, und halten Sie sie mindestens drei Atemzüge lang dort.*

4 *Visualisieren Sie einen riesigen rautenförmigen Kristall über Ihrem Kopf, und rufen Sie die höchsten Quellen göttlich-spirituellen Bewusstseins an.*

5 *Beobachten Sie, wie sich reine Energie in den Kristall ergießt. Spüren und hören Sie die Frequenz des Lichts, das durch den Kristall strömt.*

6 *Möglicherweise spüren Sie jetzt als Reaktion darauf ein Summen in Ihrem Innern. Tragen Sie dieses Summen mit Ihrer Stimme in Ihre Umgebung.*

7 *Visualisieren Sie, wie sich das Licht in die Regenbogenfarben teilt und vom Kristall direkt in Ihre oberen Chakras strahlt. Nehmen Sie diese Strahlen auf.*

8 *Öffnen Sie Ihren Geist, denken Sie nicht. Lassen Sie Worte in Ihren Geist strömen, und sprechen Sie sie aus, ohne darauf zu achten, was Sie sagen. Das erfordert einige Übung, aber mit der Zeit werden Sie authentische Botschaften erkennen.*

9 *Lassen Sie das gechannelte Wesen zu Ende kommen, und kehren Sie dann zu Ihrem normalen Bewusstseinszustand zurück. Konzentrieren Sie sich dabei unbedingt auf Ihre Füße, und spüren Sie die starke Energiewurzel, die sie mit der Erde verbindet.*

10 *Gehen Sie nach dieser Übung spazieren, und nehmen Sie eine kräftige Mahlzeit mit einem heißen Getränk zu sich.*

Register

Danksagungen

Danksagungen der Autorin

Vielen herzlichen Dank an: das engagierte Team bei Carroll & Brown, Derek Hawkins für seine Hilfe bei der Seite über die Astrologie und an meinen Mann Rupert für seine Hilfe beim Abschnitt über das Heilen und für seine nie endende liebevolle Unterstützung.

Informationen über die School of Insight and Intuition finden Sie im Internet unter www.insightandintuition.com (nur Englisch)

Carroll & Brown (der Verlag des Originalbuchs) dankt:

Freie Grafikassistenz *Ronald Codd, Emily Cook, Justin Ford*

Freie Lektoratsassistenz *Tom Broder*

Illustrationen *Jürgen Ziewe*
(Seiten 30-31, 34-35, 73, 140-141, 145, 160-161)

Herstellung *Karol Davies*

Herstellungskontrolle *Nigel Reed*

Computermanagement *Paul Stradling*

Bildrecherche *Sandra Schneider*

Register *Madeline Weston*

Bildnachweise

Seite 9 Getty Images; Seite 15 (links) Jules Selmes; Seite 27 AUM Digitalfoto von Dr. Judith Cornell, preisgekrönte Autorin von *Mandala: Luminous Symbols for Healing* (A.d.Ü.: nicht auf Deutsch erschienen), www.mandala-universe.com; Seite 32 (links) Telegraph Colour Library, (ganz links) Art Wolfe/SPL, Seite 40 Museo Dali, Figueras, Spanien/Index/Bridgeman Art Library © Salvador Dali, Gala-Salvador Dali Foundation DACS, London 2001, Seite 42 Manfred Kage/Scuence Photi Library; Seite 75 Sue Baker/Science Photo Library; Seite 86 The Charles Walker Collection; Seite 87 The Charles Walker Collection; Seite 112 Elgin and Hall, www.elgin.co.uk; Seite 143 Getty Iamges; Seite 147 (ganz links) Jules Selmes; Seite 149 Profil von Odeon Redon 1840-1916, Christies/Bridgeman Art Library; Seite 170-171 David Parker/Science Photo Library

Textnachweis

Seite 170 Alice Bailey, Serving Humanity (Lucius Press)

Trotz größter Bemühungen konnten wir die Urheber des Titelfotos sowie der Fotos auf den Seiten 162 und 167 nicht ausfindig machen. Wir bedauern, ihre Namen deshalb hier nicht nennen zu können, und betonen, dass wir dies in künftigen Auflagen selbstverständlich gerne nachholen werden.